ABECEDARIO EMOCIONAL

Entiende y transforma tus emociones de la A a la Z

Leila Nomen Martín

ABECEDARIO EMOCIONAL

Entiende y transforma tus emociones de la A a la Z

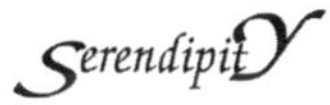

Desclée De Brouwer

© EDITORIAL DESCLÉE DE BROUWER S. A., 2025
Henao, 6 – 48009 Bilbao
www.edesclee.com
info@edesclee.com

Printed in Spain
ISBN: 978-84-330-3969-9
Depósito Legal: BI-1172-2025
Impresión: Grafo S. A. - Basaruri

A todas mis emociones que, para lo bueno y para lo malo,
me ayudan a ser como soy y a haber llegado donde llegué.

Para Alba, Albert, mi familia y amigos,
los que más aguantan mis extravíos emocionales.
¡Gracias por la infinita paciencia! ¡Os quiero incondicionalmente!

A mis compañeros y compañeras de Càritas Diocesana Sant Feliu,
donde nació esta idea, y que me acompañan con gran cariño
en mi día a día. ¡Gracias por vuestro compromiso,
inspiración y compañía en este camino!

A Lluïsa, mi terapeuta emocional particular,
gracias por poner la energía (y con ello las emociones) en su sitio!

A la Dra. Irene Borràs y al Dr. Miguel Puyol, del Hospital de Barcelona,
por su profesionalidad al atender a mi abuela y por su calidez humana,
que no solo la reconfortó a ella, sino también a mí.
¡Gracias de todo corazón!

Y para las personas a las que acompaño, ¡jamás os sepa mal llorar!
Ahí estarán mi hombro, mis oídos y mi compasión.

En este libro, por motivos de estilo y simplicidad, se utiliza mayormente el género masculino como forma genérica. Esta elección no implica en modo alguno exclusión ni falta de reconocimiento hacia el género femenino o cualquier otra identidad. Invitamos a todos los lectores a interpretar el lenguaje en un sentido inclusivo, entendiendo que cada término se aplica por igual a todas las personas, sin distinción de género, con el único motivo de facilitar la lectura.

ÍNDICE

PRÓLOGO

Las emociones son fenómenos complejos. Son tan difíciles de entender que durante siglos se negaron y se pensó que se trataba de formas de pensar con un contenido "especial". Los filósofos y médicos griegos trataban de comprenderlas. Así, definieron la *teoría de los cuatro humores* en la que identificaron cuatro emociones básicas que se correspondían con sistemas químicos en el cuerpo. Parte de razón tenían, pero no fueron exactos. Hipócrates relacionó la sangre con un humor entusiasta y social; la bilis amarilla con la ira, la ambición, la agresividad y el mal genio; la bilis negra, con la melancolía y la flema, con un comportamiento reservado. Así, alrededor del 400 a. C. podíamos tener cuatro emociones básicas: la alegría, la ira, la tristeza y el miedo. Teorías posteriores añadirían dos más, la sorpresa y el asco, convirtiéndolas en seis emociones básicas. Se puede intuir que hay bastantes más de estas seis.

¿Por qué se desconocen tanto? Durante siglos no se consideraban y cuando se empezaron a estudiar fue a partir de propuestas biologicistas, desde la medicina básicamente. Los investigadores hablaban de las emociones como estímulos sensoriales que se dan en el cerebro o que activan los sistemas nerviosos autónomos y somáticos. Tratando de situarlas en el cerebro, no se dedicó tiempo a definirlas y explorarlas más allá. Hasta los años 80, no se empezó a tratar de comprender que eran las emociones. Ahora existe un creciente interés en explorar y entender las emociones.

El *Abecedario Emocional* surge como una herramienta para explorar y comprender estas experiencias fundamentales. Mas allá de una teoría detallada sobre las emociones, este libro ofrece técnicas prácticas para manejarlas de manera efectiva en la vida diaria. Desde la alegría hasta el miedo, cada emoción se presenta como una oportunidad para el crecimiento personal y la conexión con los demás. Daniel Goleman (1997) destaca la importancia de desarrollar habilidades emocionales pues:

> Existe una clara evidencia de que las personas emocionalmente desarrolladas, es decir, las personas que gobiernan adecuadamente sus sentimientos, y asimismo saben interpretar y relacionarse efectivamente con los sentimientos de los demás, disfrutan de una situación ventajosa en todos los dominios de la vida, desde el noviazgo y las relaciones íntimas hasta la comprensión de las reglas tácitas que gobiernan el éxito en el seno de una organización. Las personas que han desarrollado adecuadamente las habilidades emocionales suelen sentirse más satisfechas, son más eficaces y capaces de dominar los hábitos mentales que determinan la productividad (p. 71).

Si a la inteligencia emocional añadimos la inteligencia social, Goleman dice que tenemos una buena base para la felicidad. Por ello, se debería enseñar en las aulas, pues es uno de los aprendizajes más básicos que debemos adquirir. Cuando John Lennon tenía cinco años, le respondió a su profesora, cuando le pregunto qué quería ser de mayor: "feliz". Es la mejor aspiración que podemos tener, y eso pasa por conocer las emociones.

El título *Abecedario Emocional* responde a un intento de presentar diferentes conceptos relacionados con estas. Así, se presenta la letra acompañada de un concepto relacionado con el ámbito de las emociones, bien sea empezando por esta letra o con la letra en la palabra.

A continuación, se ha escrito un pequeño texto para facilitar la comprensión de cada elemento, jugando con la narrativa, el cuento y las metáforas, todos ellos excelentes para la mente (y la memoria). Finalmente, se expone un poco de teoría acompañada de ejercicios o prácticas que se pueden realizar en pro del buen manejo emocional.

Para sumergirte en el fascinante (a la vez que caótico) mundo de las emociones, te presentamos diez datos curiosos:

- El cerebro procesa las emociones más rápido que el pensamiento racional.
- Las mujeres tienden a experimentar emociones más intensamente que los hombres, según varios estudios.
- Las risas genuinas pueden reducir el estrés y fortalecer el sistema inmunológico.
- El amor romántico activa las mismas áreas del cerebro que la adicción a las drogas.
- Los seres humanos son capaces de experimentar hasta 27 emociones diferentes, según investigaciones.
- La música puede evocar emociones intensas y afectar el estado de ánimo de las personas.
- Los perros pueden detectar las emociones humanas y responder a ellas de manera empática.
- El miedo puede ser una emoción contagiosa, propagándose rápidamente en situaciones de peligro.
- Pasar tiempo en la naturaleza reduce el estrés, mejora el estado de ánimo y aumenta los sentimientos de bienestar emocional.
- La práctica de la meditación puede ayudar a regular las emociones y promover el bienestar emocional.
- Además, desde la física cuántica sugieren que nuestras emociones pueden influir en el mundo que nos rodea, atrayendo partículas subatómicas positivas con pensamientos y emociones positivas.

Las emociones, lejos de ser meras reacciones, son señales complejas que nos brindan información valiosa sobre nosotros mismos, nuestra relación con los demás y el mundo que nos rodea. A lo largo de estas páginas, se invita a un proceso de descubrimiento y reflexión que permite desarrollar una mayor comprensión y dominio emocional. Conocer nuestras emociones y aprender a gestionarlas no solo facilita el bienestar personal, sino que también abre las puertas a una vida más equilibrada y consciente.

ALEGRÍA Y AMOR

Al cabo de los años he observado que la belleza,
como la felicidad, es frecuente.
No pasa un día en que no estemos, un instante, en el paraíso.

(Jorge Luis Borges)

Al tomar el libro, percibió algo extraordinario en su tacto, una luz propia que lo distinguía. No sabía explicarlo, pero sentía al autor dedicando horas a su libro, escribiendo, pensando, sintiendo a los personajes. Experimentó una emoción similar a la que surge al entrar en una cocina en la que preparar nuestra comida favorita o cuando se abre un regalo. Creía firmemente que entre sus páginas encontraría palabras sabias a la vez que sanadoras. Y pensó en la alegría que se siente cuando se empieza algo nuevo con ilusión y en el amor que siempre había sentido hacia la literatura.

La alegría la iba sintiendo al avanzar en unas páginas que le mostraban el más importante camino a recorrer, el de la carretera emocional. Cada palabra resonaba con un brillo especial, iluminando su mente y llenando su corazón de energía positiva. Los recuerdos de momentos felices, los sueños por cumplir y las pequeñas victorias cotidianas se entrelazaban en un mosaico de emociones que le recordaban la belleza y la plenitud de la vida. Con cada paso, la alegría se convertía en su compañera de viaje, guiándole con optimismo y esperanza hacia horizontes llenos de posibilidades y satisfacción.

El amor se instalaba en su interior a medida que progresaba en este camino, amor hacia sí mismo y hacia los demás, pues no hay mejor experiencia que la de conectar. Cada paso que daba hacia una comprensión más profunda de sus emociones y las de los demás le recordaba la importancia de cultivar relaciones significativas y genuinas. Sentía cómo la empatía florecía en su corazón, permitiéndole abrazar la humanidad compartida y encontrar la belleza en la diversidad. Con cada encuentro, el amor se fortalecía, tejiendo un vínculo indestructible que trascendía las barreras del tiempo y el espacio.

Rememoraba su vida y pensaba cuán complicada puede ser a veces. Había pasado por una enfermedad dolorosa a la vez que cruel. Una enfermedad que le hacía perder la capacidad de movimiento, dejando un funcionamiento completo de su cabeza –la cual hubiera preferido perder, sin duda–. Sólo encontró un poco de consuelo ayudando a los demás. Trataba de colaborar con la asociación de enfermos, atendiendo a las personas que se acercaban con la misma desesperanza que él había sentido (y que aún sentía a menudo). Intentó centrarse en las pequeñas cosas, pero siempre flotaba en el aire el miedo al dolor. Admiraba a su mujer e hija profundamente pues las veía cuidarlo con amor incondicional, sin quejas. El amor era lo único que tenía, lo poco que le quedaba.

La alegría es una emoción positiva y placentera que surge como respuesta a experiencias satisfactorias, logros personales e interacciones sociales gratificantes. Esta emoción está conformada por la diversión, el placer, la expectación, el optimismo, la euforia y el estar contento. Así, hay una parte de pasárselo bien y otra de prepararse para ello, ambos aspectos que se pueden fomentar.

El amor es un sentimiento profundo de conexión emocional, afecto u aprecio hacia uno mismo, hacia los demás o hacia objetos y actividades que nos brinda significado y satisfacción en la vida. Asumimos que el único amor es el de pareja cuando en realidad es cierto que "*el amor está en el aire*" (como cantaba John Paul Young en el 1978). Sentir amor nos proporciona un sentido de pertenencia, conexión y propósito y, también es algo que se puede buscar.

La alegría y el amor son emociones positivas que contribuyen de manera significativa a nuestro bienestar emocional y, por ende, a nuestra felicidad. Experimentar alegría y amor de manera regular y significativa aumenta nuestra satisfacción con la vida, promueve una actitud positiva ante los desafíos y fortalece nuestras relaciones interpersonales. La presencia constante de alegría y amor en nuestra vida es un indicador importante de nuestra felicidad general y nos impulsa a buscar activamente experiencias y relaciones que nos brinden estas emociones positivas. Aristóteles decía que la eudaimonia (búsqueda de la felicidad) era el objetivo de la vida humana. Esta felicidad se alcanzaba a partir de la virtud y la práctica de la razón y, añadía Platón la contemplación de la belleza y la bondad. Para ser felices, se debe situar a la alegría y al amor en el centro de nuestra vida.

Csikszentmilhayi (1990) decía que la alegría era aquel estado de flujo en el que la persona pierde la noción del tiempo y se siente altamente motivado y conectado. Por tanto, es necesario **tratar de buscar actividades que hagan centrarse y sentirse plenos** lo que hará que aumente la sensación de alegría. Cada persona tiene sus propias experiencias de "fluir", como se llama a este tipo de actividades. Para una persona puede ser ordenar la casa y para otra leer. Aquí es bueno poder crear una "caja de la felicidad", donde se recojan aquellas actividades que nos hacen sentir así de bien e ir escogiendo según como se levante el día.

Sonja Lyubomirsky (2008) y Barbara Fredrickson (2003) hablaban de prácticas para alcanzar la felicidad (y con ella, la alegría), como:

- **Practicar la gratitud**, reconociendo tres cosas por las que cada día nos sentimos agradecidos. Es bueno empezar con un diario de gratitud que nos lleve a ser conscientes de lo afortunados que somos.
- **Realizando actos de bondad** (*kindness acts*), como una sonrisa o desear un feliz día con amabilidad, los cuales generan felicidad tanto en el receptor con en el que los realiza.
- **Centrarse en el momento de ahora y ser consciente de lo que ocurre en el presente.** Nos perdemos en la vida caótica y que pasa demasiado rápido, cuando sería bueno parar, escuchar, sentir, observar. Algo tan fácil de incorporar como dedicar media hora a comer y observar los alimentos o saborear las texturas.
- **Conectar con la naturaleza**, ya sea dando un paseo, abrazando árboles o simplemente disfrutando de un entorno natural.

El amor es algo más complicado pues se dice que cuando se busca con ansia, como si fuera una mariposa, este sale volando. Aunque puede llevar tiempo y esfuerzo, un principio es mantener una mente abierta y observar el entorno. Diferentes autores nos muestran como buscar el amor:

- **Trabajar en uno mismo** (Neff, 2003), pues antes de buscar el amor en otros es importante cultivar el amor propio y la autoaceptación. Hay que pensar que cuanto te sientes bien contigo mismo, se irradia una mayor confianza y atractivo.
- **Ser auténtico** (Brown, 2010), sin copiar a nadie, ni tratar de impresionar a los demás. Simplemente mostrando lo bueno que tienes, lo cual permite conectar con otras personas.
- **Salir de la zona de confort** (De Botton, 2009). El amor llega cuando menos lo esperas. Salir y explorar nuevas actividades, hobbies o lugares aumenta las posibilidades de conocer a otras personas.
- **Practicar la comunicación efectiva** (Chapman, 1995), escuchando activamente y expresando pensamientos y sentimientos de manera clara y respetuosa.

También ayudará a conectar con estas emociones la **expresión artística**. Una canción animada, un cuadro bello o la poesía son fuentes directas de alegría. **La exploración de la espiritualidad** igualmente ayuda a enriquecer nuestras experiencias emocionales.

Finalmente, al **compartir nuestras propias experiencias** personales de momentos de alegría y amor, podemos inspirar a otros a reflexionar sobre sus propias emociones y cultivar una mayor conexión emocional y estima con nosotros mismos y con los demás.

BIENVENIDA A LAS EMOCIONES

Tan mal esta dar prisa para que se marche el huésped que no la tiene,
como retener al que quiere partir.
Al forastero hay que agasajarle mientras está con nosotros,
y cuando quiera marchar, facilitarle la partida.

(Homero)

Recordó el poema *La Casa de Huéspedes* de Rumi, erudito del siglo XIII. En este bello poema se invita a cualquier emoción que venga a entrar en nuestra casa para atenderla como se merece.

La Casa de Huéspedes

El ser humano es una casa de huéspedes
Cada día una nueva visita, una alegría, una tristeza,
una decepción, una mezquindad,
Cierta conciencia momentánea
llega como un visitante inesperado.
¡Dales la bienvenida y acógelos a todos!
incluso si son una multitud de lamentos,
que desvalija violentamente tu casa.

Aun así, trata a cada huésped honorablemente pues
puede estar creándote espacio
para un nuevo deleite.

Al pensamiento oscuro, a la vergüenza, a la malicia
recíbelos en tu puerta con una sonrisa
e invítalos a entrar.
Sé agradecido con quien quiera que venga
porque cada uno ha sido enviado
como una guía del más allá.

(Yalal ad- Din Muhammad Rumi, 1207-1273)

Las emociones, buenas o malas, llegan a nuestras vidas en determinados momentos y no se les puede pedir que rehagan su camino y se vayan. Si han acabado frente a nuestra puerta, algo nos tienen que decir. Como anfitriones, hagamos pasar a la emoción que nos visita y ofrezcámosle un tentempié después de tan arduo camino. Se sentirá bien tratada si tiene su espacio para sentarse y poder conversar tranquilamente.

Rumi compuso este hermoso poema en el que destaca la importancia de las emociones. Según él, cada emoción tiene un propósito específico y es crucial tratarlas con amabilidad, sin importar cuáles sean.

Para dar la bienvenida a las emociones es necesario **crear un espacio emocional** en el que puedas sentir seguridad para expresar lo que sientes, bien sea hablando en alto, escribiendo y simplemente cerrando los ojos y experimentando. Si te sientes abrumado, busca este espacio para poder empezar a conectar con las emociones que aparezcan. Así, nos permitimos explorar y expresar las emociones de una forma auténtica y sin prejuicios. Este espacio nos brinda la oportunidad de conectar con nuestras experiencias emocionales más profundas, ya sea a través del diálogo, la escritura o simplemente la reflexión interna. En momentos de estrés, este espacio se convierte en un refugio donde podemos encontrar calma y claridad, facilitando así el proceso de comprensión y aceptación de nuestras emociones.

Siguiendo el ejemplo de Rumi y su poema, aprendamos a ser anfitriones compasivos y respetuosos de nuestras propias emociones, reconociendo que cada una de ellas nos guía en nuestro viaje hacia el autodescubrimiento y el crecimiento personal. Emily Post (1922) realizó las siguientes recomendaciones de cómo se debía **ser un excelente anfitrión** (se han adaptado estas a la recepción de emociones):

- Recibe a tus emociones con amabilidad y calidez.
- Piensa en lo que puedes ofrecer: el máximo de información, las experiencias previas o los ejemplos de cómo otras personas manejaron esas mismas emociones.
- Sé flexible y paciente, cada emoción necesita un tiempo específico.
- Comunica claramente los detalles de la situación y piensa en la previsión, lo que necesitamos hacer o, con quien podemos hablar.
- Muestra un interés genuino por las emociones, que se sientan validadas.

Debemos mostrar un compromiso para tratar con delicadeza las emociones que aparezcan y darles esa buena bienvenida. ¡Que quede un cálido abrazo y la promesa de cuidar de cada emoción!

Dar la bienvenida a las emociones no significar dejarse dominar por ellas, sino comprenderlas y usarlas para crecer. Para darles la bienvenida, utilicemos estas palabras de bienvenida:

- **Todas las emociones son bienvenidas**.
- **No juzgamos las emociones** pues son mensajeras de nuestras necesidades.
- **Trataremos de identificar, aceptar y regular lo que sentimos**.
- **Fomentaremos un círculo de diálogo**, siendo estos espacios donde vivir las emociones sin miedo.

Cuanto más las aceptemos, más fácil será el regularlas y vivir con mayor bienestar emocional.

Y, añadiremos aquí **una merienda para nuestros invitados**. Una merienda con ideas que hacen sentirnos mejor en cinco minutos, como son:

- Beber un vaso de agua.
- Pensar en algo por lo que estar agradecido.
- Hacer un ejercicio de estiramiento.
- Leer citas inspiradoras (aforismos).
- Masajearse cabeza, cara o manos.
- Respirar profundamente, inflando estómago.
- Comer algo que nos guste, y especialmente funciona una pieza de fruta.
- Mirar vídeos motivadores o de risa.
- Fijar la mirada en algo bello, en el exterior.
- Darse un abrazo o recibir algo positivo de alguien.
- Escuchar una canción que nos guste especialmente.
- Mirar fotos de buenos momentos.
- Encender una vela o incienso.
- Mandar un mensaje a alguien.

Esto serían unas primeras medidas para sentirse mejor.

CUÁNTAS EMOCIONES HAY

La vida es como una paleta de colores.
Mezcla los tonos adecuados y crea tu obra maestra.

(John Lennon)

La duda surge al pensar a cuantas personas deberé albergar en casa. Si pienso en mi vida, normalmente estoy de un humor. Mi humor suele tener un determinado color. Cuando salgo de casa a trabajar puedo ir de color azul o gris (sereno) pero si me encuentro un atasco, rápidamente paso a color rojo (rabia) con un poco de marrón (impotencia). Pienso en los sentimientos que he experimentado y veo una paleta amplia de colores. Hay 90 millones de colores, pero no hay tantas emociones. Los colores y sus matices los hemos ido definiendo a través de la vista, las emociones a partir del lenguaje. Tratamos de poner nombre a lo que nos ocurre por dentro. La paleta de colores emocionales rondaría las 300, seis universales y el resto, variaciones y sumas de estas. Nuestros colores básicos emocionales son la alegría, la tristeza, el asco, el miedo, la sorpresa y la ira. Serían nuestros colores básicos: el amarillo para la alegría; el azul para la tristeza; el verde para el asco; el … , no se ha definido uno para el miedo, ni para la sorpresa y, el rojo para la ira. La cromática de las emociones es particular. Cada persona puede decidir qué color representa mejor sus emociones, según su historia personal, su cultura y sus gustos. Lo que sí es necesario conocer las diferentes emociones, véase algunas de estas. Amor, alegría, generosidad, afecto, compasión, esperanza, libertad, logro, justicia, agradecimiento, aceptación, bondad, admiración, benevolencia, amabilidad, alivio, orgullo, empatía, integridad, apego, aprobación, suficiencia, armonía, honestidad, humildad, tolerancia, motivación, felicidad, firmeza, fortaleza y autonomía. Esta sería la paleta de los colores vivos, los positivos. En la paleta de colores más apagados, los negativos, tendríamos la tristeza, la melancolía, el abandono, el aburrimiento, la ausencia, la desmotivación, el susto, la amargura, la angustia, la agresión, el agobio, la ansiedad, el asco, la vacilación, la valentía, el fastidio, la venganza, la vergüenza, el vacío, la ira, la humillación, la traición, la lástima, el menosprecio, el miedo, la molestia, el fracaso, la fragilidad, la frustración, la preocupación, la prepotencia, el pudor, el pesimismo, la pereza, el estrés, el duelo, la envidia y la decepción. Hay más colores en la paleta, pero estos serían los principales toques de color.

Los colores podrán pintar un cuadro que durará un tiempo. Las emociones suelen aparecer durante un tiempo limitado, más o menos, nos puede cubrir de color entre uno y quince días, si hablamos de colores fuertes. Es bueno recordar que no suelen durar eternamente pues se juntan con otras emociones que darán lugar a otros colores.

A la pregunta: ¿Cuántas emociones hay? Según las principales teorías psicológica, entre 6 y 27 emociones básicas, pero en la experiencia humana pueden encontrarse más de 200 emociones que son variaciones de éstas (ver Anexo 1).

Las emociones son visitantes que llegan a nuestra vida con un propósito, incluso las más incómodas. Después de darles la bienvenida, se debe conocer la emoción o las emociones que se experimentan. A eso se le llama identificación emocional.

La **identificación emocional** es el proceso de reconocer y ser consciente de las emociones que estamos experimentando en un momento determinado. Esto supone dos tareas: 1) conciencia emocional (parar y observar que se está sintiendo) y, 2) nombrar la emoción.

Cada uno de nosotros debería tener un **diccionario emocional** propio, en el que recoger las emociones que se experimentan de forma más común y, sobretodo, conociendo toda la paleta de colores que se pueden experimentar. También sería un buen ejercicio el poder hacer nuestro propio **diario emocional**, en el que apuntáramos lo que vamos sintiendo día tras día para ver cuáles son nuestros tonos emocionales. Sin tener que llegar a hacer este ejercicio escolar, sí que es necesario explorar los diferentes colores emocionales y cómo estos impactan en nuestras decisiones, relaciones y bienestar en general. En el Anexo 2 se incluyen varios ejemplos de cómo hacer este diario tan particular. Esto ayudará a reconocer y validar todas las emociones, tanto las positivas, como las negativas siendo estas parte esencial de nuestra experiencia humana.

Una **carta a las emociones** ayuda a darles voz. Hay que empezar la carta dirigiéndose a la emoción que se haya detectado y a partir de ahí, dejarse llevar. Empecemos pues: "Apreciada ... (emoción) ... quiero decirte...". Lo que suele ocurrir es que no nos quedamos con una sola emoción, se saltará de una a otra y, además, se suele obtener información inesperada.

El **jardín de las emociones** es un recurso creativo diseñado para ayudarte a explorar y comprender tus emociones diarias de una manera visual y terapéutica. Este diario emocional adopta la forma de un jardín, donde cada emoción se representa como una flor única y colorida. Así, ¿cómo se debe preparar el jardín?

1. Dibuja un gran jardín en una página en blanco, dejando espacio para varias flores.
2. Cada día, tómate un momento para reflexionar sobre tus emociones. Identifica las emociones que has experimentado a lo largo del día.
3. Para cada emoción que identifiques, dibuja una flor en tu jardín. Elige colores y formas que reflejen la intensidad y la naturaleza de esa emoción.

4. Junto a cada flor, escribe el nombre de la emoción y una breve descripción de la situación o el motivo que la desencadenó.
5. A medida que tu jardín emocional crezca a lo largo de los días y las semanas, tómate un momento para observarlo. Reflexiona sobre los patrones emocionales que identificas y cómo han cambiado con el tiempo.

Cuidar nuestro jardín emocional es más que un simple ejercicio; es un acto de autoamor y autodescubrimiento. A medida que dedicamos tiempo y esfuerzo a identificar, comprender y validar nuestras emociones, cultivamos una mayor conexión con nosotros mismos. Este proceso permite navegar mejor por nuestras propias experiencias emocionales y, nos capacita para comunicarnos de manera más efectiva con los demás, construyendo puentes de comprensión y empatía en nuestras relaciones interpersonales. En última instancia, nos brinda la oportunidad de florecer en una versión más auténtica y plena de nosotros mismos, enriqueciendo así nuestra vida y nuestro bienestar general.

Al final, todos estos son ejercicios para poder poner nombre a las emociones. Es importante porque si no se empieza por el nombre, no se sabrá de qué forma hay que atenderla. Les damos bienvenida y, a continuación, tratemos de ponerles nombre, e incluso si no se encuentra denominación, emoticonos (las representaciones gráficas de las emociones).

Solución: Todas las emociones deben observarse, identificarse y tratarse bien. 😊

DEFINICIÓN DE LAS EMOCIONES

Una definición es una frase que significa la esencia de una cosa.

(Aristóteles)

Las emociones generan preguntas. Cuando las sentimos, pensamos ¿por qué me ocurre esto a mí? Para que surja una emoción debe haber algo que la genere, aunque no siempre la causa sea fácilmente comprensible. A veces, puede surgir porque algo en nuestro interior se activa, no lo vemos, no lo sabemos, pero se da igualmente. Son experiencias subjetivas, lo que significará que cada persona lo va a vivir a su manera. Por eso, un hombre cuando le despiden lo vive como una oportunidad de cambio y mejora y otro, siente desesperación pensando que no sabe cómo va a llegar a fin de mes. Y cuando se dan, las emociones activan pensamientos (nos da por pensar), cambios físicos (se nos acelera el corazón con los nervios) y cambios sociales (cuando estamos tristes perdemos las ganas de relacionarnos). Y es cierto que la cara es el espejo del alma, pues las emociones se reflejan en nosotros, no solo en el rostro, también en los gestos, en la voz y en nuestros movimientos. Las emociones salen hacia afuera.

Se dice que una emoción tiene dos caras en la misma moneda pues puede ser molesta, pero también ayuda a integrar determinadas situaciones. Tiene un lado negativo y positivo, a la vez. Y el lado positivo estará el que suelen movilizarnos hacia la acción. La charla de nuestra madre para que hagamos algo la podemos obviar, pero la emoción nos hace reaccionar.

Lo que sí ocurre es que cuando tenemos emociones muy fuertes, estas inactivan otros procesos psicológicos. Si nos sentimos preocupados por determinadas situaciones puede que nos cueste concentrarnos en el trabajo.

Emoción proviene del latín *emotio* y en el diccionario de la lengua española (2025) se define como: "Alteración del ánimo intensa y pasajera, agradable o penosa, que va acompañada de cierta conmoción somática" y, en una segunda acepción: "Interés, generalmente expectante, con que se participa en algo que está ocurriendo". Ambos buenos intentos pero sólo destacan unos pocos aspectos relacionados con la emoción.

La definición más completa de las emociones es la que proponen Fernández-Abascal y Jiménez-Sánchez (2008) que dicen que "las emociones son un proceso que implica una serie de condiciones desencadenantes (estímulos relevantes), la existencia de experiencias subjetivas o sentimientos (interpretación subjetiva), cambios fisiológicos (activación), patrones expresivos y de comunicación (expresión emocional), que tiene unos efectos motivadores (movilizan hacia la acción) y una finalidad: que es la adaptación a u entorno en continuo cambio" (p. 40-41).

Así, una definición de emoción debe incluir una serie de elementos clave que reflejen su naturaleza compleja y multidimensional.

Integrando ambas definición, podemos conocer **el proceso de las emociones**, el cual incluye los siguientes pasos:

1. *Situación*: interna o externa que sirve de disparador o desencadenante de la emoción, y puede ser más o menos consciente o sutil.
2. *Percepción*: el sujeto recibe esta información.

3. *Interpretación*: ¿por qué los sujetos respondemos diferente?, por qué nuestra percepción está motivada por personalidad, cultura, experiencias previas, expectativas y pensamiento.
4. *Reacción*: nuestra respuesta emocional que analizaremos más adelante.

Y, para ser precisos, se debería **diferenciar ciertos conceptos** con los que se suelen confundir, como sentimiento, estado de ánimo o sensación. Así, las emociones son respuestas automáticas, intensas y de corta duración que surgen ante estímulos internos o externos, como se señalaba. A partir de ellas emergen los sentimientos, que son experiencias subjetivas y conscientes que requieren un procesamiento cognitivo, siendo más duraderos y menos intensos, como el amor o la gratitud. Por otro lado, los estados de ánimo son disposiciones emocionales más difusas y persistentes, que no necesariamente tienen un estímulo claro que los provoque y pueden influir en la forma en que interpretamos la realidad, como la melancolía o la euforia. Finalmente, las sensaciones son percepciones físicas inmediatas producidas por los sentidos, sin evaluación emocional ni cognitiva, como el frío, el calor o un cosquilleo.

En síntesis, definir las emociones, analizar su proceso y diferenciarlas de otros fenómenos afectivos permite una comprensión más precisa de la experiencia humana, facilitando su estudio y su adecuada regulación en distintos contextos.

ELEMENTOS

Un niño dijo una vez que las emociones parecían un piano en el que según lo que se sintiera, se tocaban una u otra tecla. Es cierto, las emociones activan diferentes melodías.

La primera melodía de la canción emocional es la del pensamiento. Mientras estamos sintiendo tristeza, solemos pensar que no podemos cambiar esa situación, que nos implicará consecuencias que no nos gustan nada y, que somos un fracaso en general. Hay que dejar que suene esta melodía y que surjan los pensamientos que correspondan pues si se intenta controlar, se resistirán y esto sólo alimentará su persistencia y repetición. Caeremos en un bucle de pensamiento. Dejemos que suene y escuchemos esta primera melodía.

La segunda melodía será lo que decimos. Sentimos y pensamos, lo que hará que digamos las cosas de una determinada manera. Si nos sentimos enfadados o enfadadas, hablaremos secamente e incluso gritando. Nuestras emociones y pensamientos van a influir en cómo nos expresamos verbalmente. Nuestra voz cambiará según nos sintamos.

La tercera melodía será el cómo nos relacionamos. Si vivimos una ruptura de pareja dolorosa es probable que cuando una persona vuelva a interesarse por nosotros, sintamos cierta desconfianza y dificultades para abrirnos.

La cuarta melodía será el sentimiento en sí mismo. Un jefe que nos crítica y altera de forma sistemática, nos generará ira. La ira genera mal cuerpo, nerviosismo, se hincha una vena en la cabeza, sube la temperatura y nos da por pensar que todo va a ir a peor.

La quina melodía será lo que pasará en nuestro cuerpo. Exponer un trabajo en clase hace que se nos ponga roja la cara y empecemos a sudar, fijamos la atención en cómo nos miran los demás. El cuerpo reflejará las emociones de manera palpable.

La sexta melodía será la de cómo nos comportamos. La persona a la que por fortuna le toca la lotería, lo celebra con champan, saltando, llorando y compartiendo con otras personas a las que le tocó; llamamos a nuestros seres queridos y les hacemos promesas. Siguiendo esta melodía, nuestras acciones reflejan la intensidad y la naturaleza de nuestras emociones.

Estas melodías componen la sinfonía de nuestra experiencia emocional. En ocasiones estas melodías crearan una bonita canción, mientras que, en otras, un desgarro de ruidos. Así, en una situación que nos desencadena una emoción, conectamos con nuestro pensamiento, que también nos hablará internamente; nos comunicaremos con los que lo viven con nosotros y nos relacionaremos de una determinada manera y apreciaremos determinadas sensaciones en el cuerpo. Además, todo ello hará que nos comportemos de una forma específica, diferente de los demás. Por ello, no se puede saber cómo reaccionaremos frente a una determinada situación pues nos tenemos que ver en esta para saberlo.

Un regalo, seis bellas melodías que pueden ayudar a conectar con las emociones y las diferentes dimensiones, ¡dejémonos llevar! (y cada uno que añada las que le parezca a la lista).

Clair de Lune de Claude Debussy
Comptine d'un autre été: L'après-midi de Yann Tiersen
River Flows in You de Yiruma
Nuvole Bianche de Ludovico Einaud
Spiegel im Spiegel de Arvo Pärt
Gymnopédie No. 1 de Erik Satie

Las melodías de nuestras emociones son como la música de fondo que acompaña cada experiencia significativa en nuestras vidas. Es esencial aprender a **escuchar estas melodías con atención**, en lugar de ignorarlas o reprimirlas.

El anexo 3 proporciona un recurso para explorar las principales manifestaciones emocionales. Comprendiendo estas manifestaciones se puede realizar un **desglose de las melodías de las emociones**. Para ello, en cada situación específica, es útil registrar lo siguiente:

Pensamientos: anota aquellas ideas que surgen en la mente en relación con la emoción experimentada. A nivel de pensamientos, debe haber un momento para pensar menos y esto solo se puede conseguir si pasamos a distraernos, a hacer alguna actividad que no nos permita estar dando demasiadas vueltas a las cosas (p. ej. ejercicio físico). También se puede encontrar otra manera de pensar, pidiendo opiniones a otras personas o discutiéndonos con nosotros mismos.

Comunicación: trata de describir como te estás sintiendo verbalmente, mediante un tono de voz y palabras adecuadas. Es muy importante encontrar las palabras para hablar de las emociones, tanto de las buenas, como de las malas. Si se ha recogido un diccionario emocional, es más fácil tener vocabulario para eso y si lo que cuesta es llevarlo a cabo, viene bien practicar, por ejemplo, hablando en alto o frente al espejo.

Relaciones: observa cómo afectan las emociones a la forma de acercarse a otros, la confianza que se establece o la distancia que se adopta. Las emociones nos acercan o alejan de los demás, lo cuál podemos observar ya sólo en la cara, en cómo la persona está reaccionando a lo que decimos. Es bueno fijarse y también señalarlo: "¿te estás enfadando?". Así se puede empezar un diálogo sobre lo que se siente y favorecerá esta empatía que buscamos, que nos entiendan.

Sentimientos: explora las emociones específicas que acompañan a la principal. A rasgos generales, para poder abordar sentimientos, además de lo señalado en otros elementos, debemos establecer hábitos de autocuidado regulares. Más adelante se plantearán particularidades a este respecto.

Cuerpo (sensaciones físicas): registra cómo se expresa la emoción en el cuerpo. Será clave para este elemento tratar de relajarse y desactivarse. De hecho, hay personas que frente a una emoción intensa, optan por dormir. Se trataría de desactivarse para conseguir disminuir el nivel de tensión.

Comportamiento: qué hacemos cuando ocurren determinadas situaciones y sobrevienen emociones y hablamos de gestos, movimientos, decisiones, etc. Para el comportamiento es bueno buscar otras formas de afrontar las cosas (ya lo señalaba Einstein: si quieres un mismo resultado, actúa de la misma manera); administrar bien el tiempo (da tiempo a todo) y buscar la mejor forma de adaptarse al contexto.

Esto ayudará a poder manejar las manifestaciones de forma independiente pues uno de los problemas más comunes en la gestión emocional es tratar de hacerlo con todas las dimensiones simultáneamente. Por ejemplo, si se me activan las sensaciones físicas, mimaré el cuerpo o si observo que me comunico de forma muy abrupta puedo cambiar el tono, pero no puedo modificarlo todo al mismo tiempo.

FUNCIONES

Observar atentamente es recordar distintamente.

(Edgar Allan Poe)

Las emociones vienen para darnos un mensaje. Son como palomas mensajeras con un mensaje a sus pies. Cuando llega nuestra paloma, la miramos e identificamos y sabremos que viene por nosotros. Hay mensajeras que vendrán con un papel escueto que puede decirnos que algo nos emocionó, sin más, pero hay que llevan un largo mensaje. Puede darnos un mensaje para activarnos y decirnos que debemos hacer algo. Imaginemos que hemos fallado en un examen y eso nos hace sentir tremendamente mal, como si fuéramos incapaces, un auténtico fracaso. Esa emoción mezcla de impotencia, tristeza o culpabilidad, hará que a la siguiente prueba le dediquemos más tiempo.

Llega nuestra paloma y nos ofrece un mensaje de que nos fijemos en la persona que tenemos delante. Hemos iniciado una conversación con una persona y vemos que se le están llenando los ojos de lágrimas. Se siente mal. Nos podrá ayudar este mensaje a modular nuestro tono y lo que estamos diciendo para así no provocar más dolor.

Nuestro pichón trae una locución "carpe diem", la cual nos señala que, si estamos cenando con amigos, encontrándonos en nuestra salsa, disfrutemos de esa sensación y nos quedemos hasta que la fiesta acabe. Valen más los momentos que las cosas, será lo que quedé en nuestro recuerdo.

El palomo que se planta en nuestra mano buscando comida, esta vez, trae la misiva de que alguien nos ha criticado a nuestras espaldas. Esto hará que nos sintamos enfadados, a la vez que decepcionados.

Finalmente, otra paloma nos trae un último mensaje que dice que no nos gustaría borrar nuestro pasado, ni cambiar nuestros errores pues este y estos nos hacen ser como somos y haber llegado a donde hayamos llegado.

¡Veamos qué mensaje quiere dar cada emoción!

En 2008, Leslie Greenberg elaboró un detallado manual sobre las emociones, destacando sus diversas funciones. Las emociones actúan como (y para):

- señales de alarma
- prepararnos y organizar lo que debemos hacer
- hacernos avanzar
- decir algo a los demás
- aprender
- tener experiencias únicas
- cambiar nuestra forma de pensar
- memorizar
- conectar con nuestras necesidades esenciales
- contribuir a definir nuestra biografía y personalidad.

Cada emoción tiene un propósito, y cuando las experimentamos, es útil preguntarnos: "¿Qué me dice esta emoción?", tratando de saber cuál es el **mensaje de la emoción**. Los principales mensajes de las emociones son (adaptado de Bisquerra y Punset, 2015):

Alegría: Me siento bien. Siento placer, euforia y diversión. Me siento agradecido. Tengo un buen humor. Veo lo que tengo enfrente con optimismo e ilusión.

Amor: Me siento bien conmigo mismo. Siento admiración y cariño hacia ... Tengo necesidad de intimidad con ... Acepto a la persona a mi lado y me siento seguro. Esto o esta persona es bello.

Felicidad: Siento paz interior y serenidad. Con lo que hago me siento fluir y elevada satisfacción. Estoy en armonía con lo que me rodea.

Ira: Siento indignación e impotencia. Las cosas no salen como pensaba que saldrían. Siento envidia o celos. Siento odio o rencor. En momentos tengo ganas de venganza y de hacer daño. Tengo mal humor, no me gusta lo que tengo frente a mí.

Miedo: Me da susto. No me quiero acercar y lo que sea me produce una alarma. Siento pánico o terror. Me da morbo aquello que me da miedo y me acerco.

Tristeza: Siento vacío. Dentro percibo desconsuelo, amargura, dolor y sufrimiento. Lo veo todo negro y pienso cada vez cosas más negativas. Me siento solo. Tengo mucha desilusión, no tengo nada para seguir adelante. Me aburro y no tengo nada que hacer.

Asco: determinado objeto, comida o persona me produce repugnancia, repelús y rechazo.

Nervios: me siento inseguro, muy agobiado y con mucho estrés. Me supera lo que se me pide. Siento estrés. Me siento sumamente intranquilo.

Culpa: lo que hice me genera peso o bloqueo. Sé que hice o no hice algo mal (o dije o no dije). No voy a cambiar, por orgullo. Siento remordimientos y arrepentimiento. Se genera frustración con la situación.

Vergüenza: pienso que la situación da vergüenza ajena. Siento pudor, recato. Creo que haré el ridículo. Me sonrojo. Siento timidez.

Del resto de emociones, es cuestión de sentarse, escuchar y pensar qué nos está diciendo en ese momento.

Es bueno, una vez ya se ha puesto nombre a la emoción, añadirle **el "titular"** que nos está ofreciendo. Escribir una sola frase que nos permita conocer qué vino a decirnos. Así, un ejercicio de escritura rápida para explorar la función de las emociones podría ser algo como esto:

1. Escribe durante 1 o 2 minutos sin parar.
2. Enfócate en las emociones que has experimentado recientemente y lo que esas emociones te han impulsado a hacer o a entender.
3. No te preocupes por la perfección, solo deja fluir las ideas.

Ejemplo de ejercicio:

"El miedo me hizo detenerme, me dijo que debía ser más cauteloso. La tristeza me mostró lo que realmente valoro y por qué debo cambiar algo. La alegría me empujó a compartir y conectar, a seguir buscando lo que me da paz".

Este tipo de escritura te ayuda a identificar rápidamente los mensajes que subyacen en nuestras emociones.

GÉNERO DE LAS EMOCIONES

La ropa rosa es para las niñas y la azul para los niños. Al igual que la ropa, las emociones también tienen género, pero no de nacimiento sino de construcción. Las emociones las tenemos mujeres y hombres, y personas de cualquier otro género de la misma manera, pero a lo largo de nuestra historia nos han dicho cómo nos tenemos que sentir y qué emociones son las adecuadas de manifestar.

Los niños no pueden llorar, ni tener miedo. Cuando algún niño se asusta con un perro grande o se pone a llorar, se le dice que llorar es de débiles, que llorar es malo. Los niños tienen que ser valientes y enfrentarse a las cosas difíciles. Se les permite el enfado y si hace falta, agredir para defenderse. Un padre le puede decir a su hijo que cuando el extremo no le deje pasar en un partido de futbol que le pegue un empujón. La madre le dirá que corra para el otro lado. Al niño se le enseñará que lo importante es el poder, la responsabilidad y la productividad, y con ello, el control sobre las circunstancias. No nos extrañe que no hable de sentimientos y que estos solo los exprese –si llega a poder– en la intimidad.

Desde que somos personas pequeñas nos dicen que las niñas son más emotivas y si son más expresivas de la cuenta, se las identifica con la histeria. La histeria es algo que tiene una relación significativa con las mujeres pues proviene de la palabra griega *hysteron* que se traduce por útero. Es pues, típicamente de mujeres. Tal vez se debería cambiar el término. A las niñas las vamos a educar en la afectividad, el cuidado, la dependencia y la expresión emocional. Así, se generan unas buenas competencias emocionales, especialmente de identificación emocional. Sabemos lo que nos pasa y así lo diremos. ¡Somos más emocionales! (además de histéricas). Parece que tengamos un boleto extra para experimentar felicidad, tristeza y miedo y más dificultades a la hora de expresar los enojos. Y se nos permite hablar de nuestras emociones en público.

Cuando en realidad las emociones son universales y son iguales en ambos géneros, educamos para que seamos diferentes, también en este ámbito.

Desde una edad temprana, a los niños y a las niñas se les enseña implícita o explícitamente cómo deben sentir y expresar sus emociones de acuerdo con las normas de género establecidas por la sociedad. En un artículo de Paladino y Gorostiaga de 2004 señalan algunos de los estereotipos de género que contaminan la expresión emocional, como son: una emocionalidad típicamente asociada al género femenino; la felicidad, la tristeza y el miedo más asociadas a las mujeres y la rabia más a los hombres; frente a la rabia, las mujeres se callan y los hombres se muestran agresivos; las mujeres no tienen problema en expresar emociones en público y los hombres lo llevan más a lo privado; el miedo y el llorar no es una emoción adecuada para los niños y los hombres... Las emociones se viven de forma diferente y se expresan con intensidad variable de hombres a mujeres, pero no por una cuestión biológica, sino por una construcción cultural.

El concepto de género en las emociones se refiere a cómo las emociones son experimentadas, expresadas y gestionadas de manera diferente dependiendo de la identidad de género de una persona, influenciado por las expectativas sociales y culturales asociadas a cada género. Estas diferencias no son biológicas ni universales, sino más bien sociales y culturales, y pueden variar entre culturas, épocas y contextos.

Para abordar de manera práctica el cambio de estos estereotipos, es fundamental comenzar con una **educación emocional equitativa en cuanto a género**. Esto implica:

a. Investigar cómo los estereotipos de género en las emociones impactan en nuestra vida diaria.
b. Reflexionar sobre los mensajes recibidos en casa o en la escuela acerca de cómo deberíamos sentir y expresar nuestras emociones.
c. Analizar críticamente la representación de estos estereotipos en los medios de comunicación.
d. Transmitir estas observaciones a las generaciones más jóvenes para fomentar una comprensión más amplia y equitativa de las emociones.

Al final estos estereotipos de género tienen que ver con las expectativas culturales y sociales que se pone en cada uno de estos; la socialización emocional que se recibe (educación); una serie de emociones más "aceptadas" por género y, el impacto que todo esto genera en cada uno de nosotros. Replantear estas normas de género puede permitirnos experimentar y expresar nuestras emociones de manera más libre y auténtica, sin limitaciones impuestas por roles sociales tradicionales. Así, al cultivar una educación emocional que desafíe los estereotipos de género, estamos construyendo un camino hacia una sociedad más inclusiva y comprensiva.

HERENCIA EMOCIONAL

No es lícito suponer que ninguna generación es capaz de ocultar,
a la que sigue,
sus propios procesos anímicos de mayor sustantividad.

(Sigmund Freud)

Mis padres no me dejaron absolutamente nada, ninguna herencia. Qué error pensar así, pues sólo hablamos de dinero o patrimonio. Heredamos un millón de cosas, desde los apellidos a la forma de ser. Tenemos una rica herencia, queramos o no reconocerlo.

Las emociones se han heredado desde los primeros *Homo Habilis*. Dos o tres millones de años atrás, las emociones estaban básicamente vinculadas a la supervivencia y, por tanto, las más comunes eran el miedo ante el peligro y la satisfacción al encontrar alimentos. El *Homo Erectus*, hace 1 a 2 millones de años, con habilidades cognitivas más avanzadas creaban vínculos emocionales con los miembros de sus tribus. Los *Homo Neandertales* cuidaban a las personas con problemas físicos con amor, mostrando así compasión por estas. Los *Homo Sapiens* hemos desarrollado la capacidad lingüística y la cultura, con lo cual nuestras emociones se erigen a partir de normas e identidades preestablecidas. En el estudio antropológico de las emociones se puede observar que, a iguales estructuras cerebrales, similares funciones. Las emociones nacieron así con el primer ser humano hace 2,5 millones de año, lo que ha cambiado es la forma de expresión y tal vez su manejo.

Al igual que se han transmitido las emociones a través de la especie, también sucede esta trasferencia dentro de las familias. En la familia, se hereda una predisposición biológica para adquirir ciertas emociones. Las herencias familiares emocionales se pueden aprender, viendo cómo reacciona la familia frente a determinadas situaciones. Se produce un modelado que va a hacer que tengamos formas similares de identificar y expresar emociones. Hay otra forma de herencia familiar emocional, esto es en patrones determinados. Cuando en una familia se ha producido un fenómeno traumático parece que se repita en generaciones posteriores. No es mala suerte, es una herencia que recibimos que nos lleva a repetir errores familiares. Finalmente, en las familias se producen vínculos emocionales que hacen aprender sobre emociones y dan apoyo emocional a sus miembros en momentos de crisis. La herencia familiar no solo se trata de los genes que compartimos, sino también de las tradiciones, valores y emociones que pasamos de generación en generación. Estas pequeñas peculiaridades y tradiciones son lo que hacen que cada familia sea única y especial.

En el ámbito genético, la herencia familiar puede manifestarse a través de predisposiciones genéticas hacia ciertos rasgos emocionales, como la tendencia a experimentar niveles particulares de ansiedad, depresión o resiliencia emocional. Estudios genéticos han demostrado que ciertos rasgos emocionales pueden tener una base genética, aunque la interacción con el entorno también juega un papel crucial en su expresión.

Además de la influencia genética, la herencia emocional también se ve moldeada por el entorno familiar y cultural en el que se crece. Los modelos de crianza, los estilos de comunicación y las normas emocionales dentro de la familia pueden influir en cómo los individuos aprenden a reconocer, expresar y regular sus emociones. Por ejemplo, una familia que valora la apertura emocional y la expresión de afecto tenderá a criar a sus hijos de manera que desarrollen una mayor competencia emocional en comparación con familias que tienen normas más reprimidas o reservadas en cuanto a las emociones, en estas segundas seguro que se impone mayormente el silencio familiar.

Las tradiciones familiares, los rituales y las narrativas compartidas también desempeñan un papel importante en la herencia emocional. La transmisión de historias familiares, recuerdos compartidos y experiencias colectivas contribuye a la formación de una identidad familiar compartida y refuerza los lazos emocionales entre los miembros de la familia. Estos elementos ayudan a solidificar las conexiones emocionales entre las generaciones y proporcionan un sentido de continuidad y pertenencia a lo largo del tiempo.

En resumen, la herencia familiar en el ámbito emocional es un proceso complejo que involucra tanto factores genéticos como ambientales. La interacción entre la biología, el entorno familiar y cultural influyen en la forma en que se experimentan, expresan y regulan las emociones dentro de una familia, y deja una marca distintiva en la identidad emocional de sus miembros a lo largo de las generaciones.

La herencia emocional es un aspecto complejo y multifacético de nuestra experiencia humana que merece ser explorado con sensibilidad y comprensión. Al entender mejor nuestras propias emociones y las de nuestra familia, podemos sanar antiguas heridas y promover la salud emocional en las generaciones futuras.

¿Qué deberíamos analizar?

- **Diversidad de las experiencias emocionales**, es decir, lo que nos acerca a la familia a nivel emocional pero también aquello que nos aleja y diferencia.
- **Influencia de la educación emocional**. Por ejemplo, si en una familia se evitan las conversaciones sobre emociones o se minimizan ciertos sentimientos, los hijos pueden crecer con la creencia de que no deben expresar ciertas emocio-

nes, o de que algunas emociones son "incorrectas" o "debilitantes". Esto puede resultar en problemas para manejar las emociones de manera saludable.

- **Impacto de los eventos traumáticos**, llegando a hacer las paces con el pasado pues este no se puede borrar, pero sí podemos aprender de este y reconocerle que al final es lo que nos sitúa donde estamos.
- Tratar de adoptar **estrategias de afrontamiento integeneracional**, o lo que sería igual que aprender de nuestros ancestros: hablemos con abuelos, abuelas, padres, madres, etc., sobre cómo lo hicieron ellos en un determinado momento y cómo piensan que se puede mejorar.
- **Rompiendo el ciclo**, pues la herencia emocional familiar, aunque tiene un fuerte impacto en nuestra vida, se puede cambiar.

Ramón Riera habla, de esta herencia, en su libro *La herencia emocional* (2019). Se ha señalado que la herencia emocional explica el 50% de nuestras competencias y comportamiento emocional, un 10% se debe a las circunstancias y un 40% a nuestra actitud e intención. Aunque heredemos ciertas aptitudes, siempre podemos tratar de cambiarlas, de mejorar, pues finalmente superaremos a nuestros padres y madres y debemos evitar repetir patrones y creencias negativos. Para ello es bueno poder detectar esos "**puntos calientes**", situaciones problemáticas que hemos vivido y que aún con el paso del tiempo se guardan con emoción contenida. Esos puntos calientes serán indicadores de áreas de nuestra vida que requieren atención y sanación emocional. Para la detección de patrones específicos existe una herramienta excelente que favorece el poder ver lo ocurrido con nuestra familia, y con ello estos patrones: **el árbol genealógico**.

¿Cómo hacer un árbol genealógico?

El árbol genealógico es una herramienta que sirve para hacer una fotografía de las características de una familia. A través de este se pueden conocer las herencias emocionales, así como los patrones repetitivos en diferentes generaciones.

a. Para presentar a los miembros de la familia se utiliza un cuadrado para las personas de sexo masculino, un círculo para personas de sexo femenino, un rombo si el sexo es desconocido y un triángulo cuando no se sabe o hay duda.

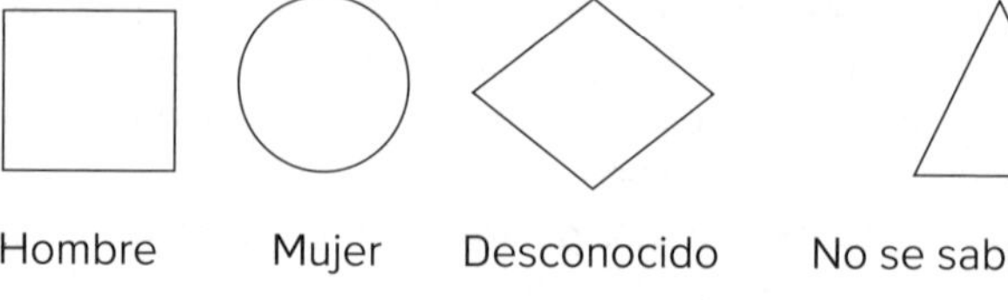

No especificado

No conforme con el sexo de nacimiento

b. Dentro de cada figura se pone la edad de la persona.

31 Esto representaría a un hombre de 31 años

Esta figura sería para una mujer de 25 años 25

c. Cuando una persona ha fallecido se pone una línea en diagonal sobre su figura.

31 2 años Se suele incluir la edad a la que falleció (31) y hace cuanto falleció, 2 años antes y a veces la causa

d. Se sitúan las relaciones entre individuos de dos formas diferentes, uniéndose en horizontal las parejas y en vertical la descendencia. Si una pareja se separa se ponen dos líneas pequeñas en diagonal a la horizontal que las une, dando a entender esta ruptura. Además, se puede incluir información de cómo son las relaciones: tres o dos líneas paralelas entre una persona y otra, denota una relación de fusión o elevada unidad; si se unen mediante rallas onduladas, se hablaría de una relación pobre o conflictiva y con una raya perpendicular de por medio, apartados o separados. Por último, si se dibuja una línea intermitente entre dos personas se consideraría una relación distante.

Así, las líneas van de persona a persona (independientemente de las líneas de descendencia o de pareja).

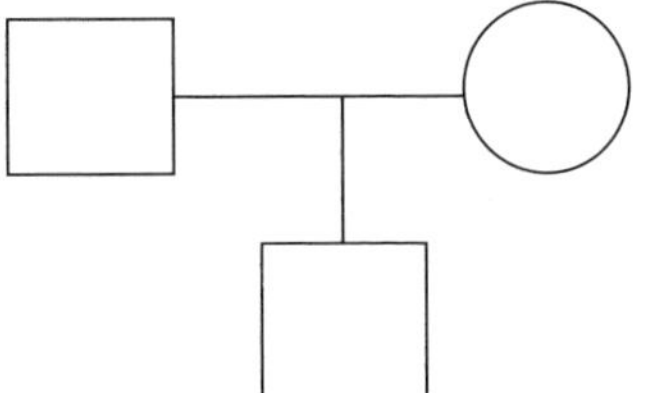

Las líneas en horizontal designan relaciones de pareja, con lo cual aquí hay un matrimonio compuesto por hombre y mujer

Las relaciones en vertical hacen
referencia a paternidad/maternidad,
en este caso, un matrimonio que son padres de un niño

Esto sería una pareja separada

Según los tipos de relaciones, podemos representar:

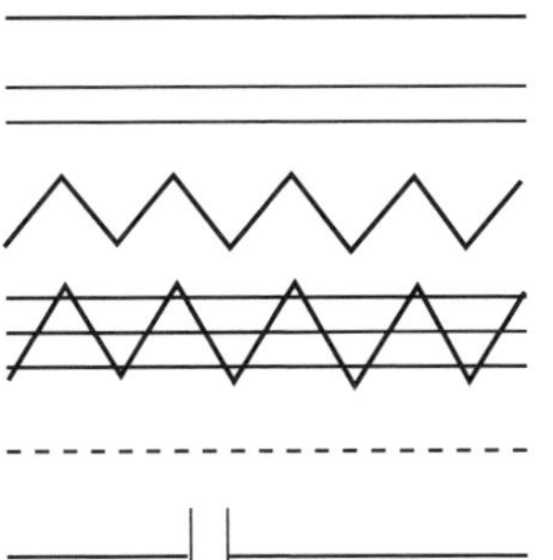

Relación muy estrecha

Relación estrecha

Relación conflictiva

Relación estrecha y conflictiva

Relación distante

Relación rota

e. Para poder ver patrones se tienen que representar un mínimo de tres generaciones (abuelos, padres e hijos).
f. Al lado de cada figura se pueden situar los sucesos más significativos.

Se presenta el árbol genealógico de la familia Freud con sus particulares pautas. En este se puede comprobar que todas las familias tienen sus aspectos característicos y problemas.

Figura 1.

Árbol genealógico (y mapa de relaciones familiares) de la Familia Freud.

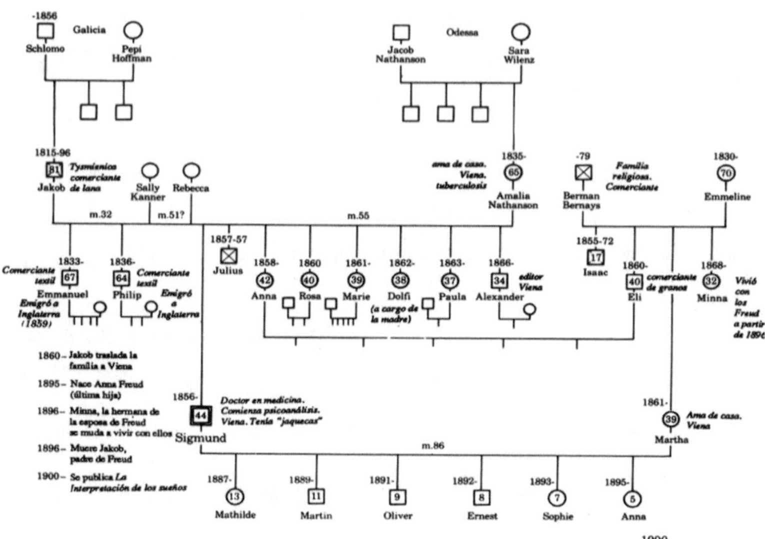

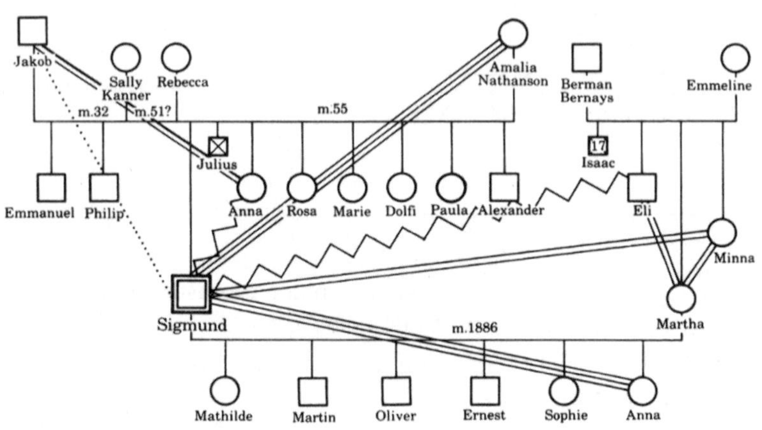

La familia Freud— Pautas vinculares

Imágenes de @Voces para LatinoAmérica (2017).

Una vez identificados **los patrones emocionales destructivos heredados**, se puede trabajar conscientemente para cambiarlos. Esto puede implicar aprender nuevas formas de enfrentar las emociones, e incluso sanar los traumas familiares.

Algunas estrategias para poder iniciar este proceso desafiante son:

a. Reflexionar acerca de aquello que parece haberse transmitido de generación en generación, a veces de forma automática.
b. Practicar la pausa y romper con la reactividad emocional, en vez de reaccionar "como se supone" que deberíamos hacer.
c. Si los traumas son profundos, es necesario un abordaje terapéutico con alguien que sepa como guiar el proceso.
d. Crear nuevas tradiciones emocionales en hijos e incluso tratar de enseñar a los que aprendieron a expresar de determinada manera.
e. Dejar los juicios de lado, se actuó y sintió como se pudo en ese momento.
f. Reescribir la historia con nuevos matices y visiones.
g. Trabajo con el niño interior, lo que incluirá reconocer su presencia, hablarle con amor y recuperar actividades infantiles.

Tomar conciencia de nuestra herencia emocional nos permite decidir qué queremos mantener y qué queremos transformar. No estamos condenados a repetir patrones, podemos resignificarlos y construir una relación más saludable con nuestras emociones. También una advertencia: ¡no es tarea fácil!

INFLUENCIA

Influir sobre una persona es transmitirle nuestra propia alma.

(Oscar Wilde)

Las emociones tienen una influencia bidireccional, pues lo que nosotros sintamos afecta a los demás y las emociones de los demás, modifican las nuestras.

Imaginemos estar en una clase con las diferentes emociones. Cuando la tristeza toma la palabra, nos habla sobre la desesperanza que produce la pérdida de un ser querido. Dialogando con otras emociones, los sentimientos se entremezclan y empieza a sentir rabia por lo que podría haber hecho y no hizo. El resto de las emociones se verían afectadas a su vez por la tristeza y podría producirse el efecto Werther (Phillips, 1974). Este efecto se da cuando hay ideas de suicidio y se contagian de una persona a otra.

Ahora, supongamos que, en esa misma clase, la rabia, la vergüenza, el miedo y el fracaso deciden hacer una broma. La clase está concentrada en la biología emocional, pero estos cuatro deciden interrumpir con ruidos de animales. La mayoría se distrae, aunque algunos intentan callarlos y otros simplemente se ríen y piden más bromas. Esto nos muestra cómo las emociones pueden ser manipuladas.

Luego, las emociones salen al patio. La ira se junta con el asco, el miedo y a veces con el aburrimiento, pero no se lleva bien con todos. La felicidad, por otro lado, prefiere la compañía de la serenidad y la alegría. El amor, aunque suele estar con el apego, a veces se siente solo, acompañado por el cariño, la empatía y la sensación de soledad. Es lógico pensar que el terror no se va a llevar bien con la fortaleza, en general, sólo a veces se atreven a pasar por el tubo oscuro los dos juntos. Es evidente que las emociones se relacionan con otras que tienen un "mood" similar.

La profesora sabe que tiene una clase dinámica. Este año, se ha propuesto enseñarles a comunicarse entre sí. Les dijo al principio de curso que aprenderían sobre comunicación emocional. Les enseñó a hablar sobre cómo se sienten, tanto lo bueno como lo malo, promoviendo la empatía y la comprensión entre ellas.

El hablar sobre cómo nos sentimos tiene dos caras, la de decir cosas buenas o cosas malas. Podemos tener que decir halagos de otros o cosas buenas que nos han pasado. Esto que parece tan fácil, no lo es, pues interpretamos que, si hablo de mí mismo en positivo, la otra emoción puede interpretar que tengo soberbia. Deberíamos alegrarnos de la buena suerte de las otras personas. Igualmente, decir cosas buenas a otras, pensamos que es hacer la pelota y la verdad, ¿a quién no le gusta que le digan lo guapo que va o lo bien que ha hecho un trabajo? El peloteo vendría si hay una intencionalidad oscura detrás. Una comunicación emocional positiva nos acerca a los demás. Y pensemos que, si yo traslado lo bien que me siento, abro la puerta a una epidemia de buenos sentimientos.

Decir las cosas malas o decir que no, suelen ser de las cosas que más cuestan. Para decir las cosas malas se invita a entrar en la crítica constructiva. Si se dice algo malo, que sirva para algo. Para dañar ya está la vida. Además, se puede aprender a decir cosas malas de la forma más adecuada, con asertividad. La profe les enseño a preparar la conversación y a hacer pruebas en el espejo y fue divertida esa clase. El decir no es todavía más complicado porque interpretamos que la otra persona se va a enfadar o nos va a dejar de lado. Decir que no es un ejercicio sanísimo. Para decir que no se tiene que explicar bien por qué y tal vez dejar la puerta un poco abierta para el futuro, un ahora no pero tal vez en el futuro es un buen salvavidas, dijo la profe. Y al final hay que saber que habrá comunicación fea, en forma de discusiones, en las que nuevamente nos enseñó a tratar de no dañar a los demás (por ejemplo, siempre queriendo tener la razón) y decir las cosas como nos gustaría que nos lo dijeran a nosotros. Pero como esto a veces cuesta, nos dio un truco, piensa si le hablarías así a tu madre, tu padre, tu abuela, a alguien que quieras mucho. Si les estás hablando así a ellos, piensa que, aunque te quieran con el alma, las palabras hacen muchísimo daño y crean grietas en las relaciones. Cuida lo que dices y cómo lo dices.

La empatía sería lo que utilizaríamos para comprender a los demás estados. Eso lo aprendieron al final de curso. Lo primero es ponerse delante de la otra emoción y tratar de comprender. Es como esa escultura de zapatos *Davidshallsbron* en la ciudad de Mälmo, que te invita a probar los de celebridades. Es una bonita metáfora. La empatía empieza por tratar de comprender la posición de la otra emoción, hasta de las más desagradables, como la atrocidad. Y si no se entiende, se pregunta o se trata de buscar una explicación viable. Para esto hay que tener la mente abierta y evitar los prejuicios.

Cuando acababan el curso la profesora les pidió a las emociones que describirán lo que habían vivido con tres palabras y estas dijeron: conexión, aprendizaje y dificultad. Habían aprendido a sentirse cercanas y compartir espacios y hubo cosas que encontraron muy difíciles (el orgullo se quejó muchísimo de que no entendía la empatía). La profesora les prometió una sorpresa y sacó una fotografía que dijo que sería lo más bonito que verían ese día. Era una foto de una resonancia magnética que había realizado una neurocientífica, Rebecca Saxe, en la que se ve hasta qué punto las personas estamos conectadas emocionalmente, en este caso una madre con su hijo.

Todas las emociones se llevaron la foto a casa y algunas la colgaron en la habitación.

Figura 2.

Conexión cerebral madre e hijo

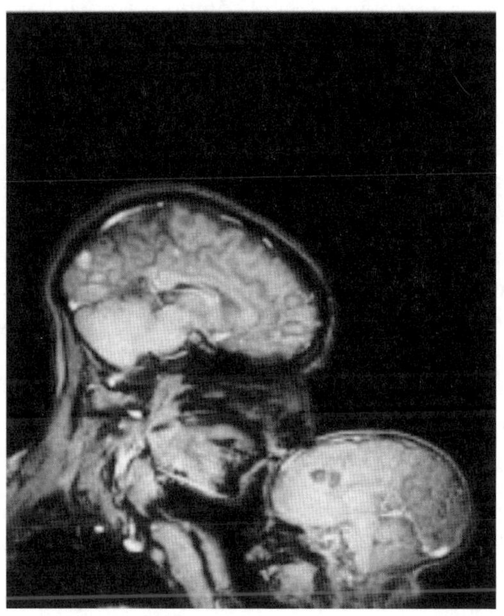

Imagen de @Rebecca Saxe, Ben Deen y Atsushi Takahashi
Nota: A structural MRI scan of MIT neuroscientist Rebecca Saxe and her infant.
Department of Brain and Cognitive Sciences, MIT
Athinoula A. Martinos Imaging Center at the McGovern Institute for Brain Research, MIT

La influencia emocional se refiere al impacto que las emociones de los demás tienen sobre las nuestras propias. Así, como seres sociales, estamos constantemente expuestos a las emociones de las personas que nos rodean (y no se puede evitar).

¿Cómo ocurre la influencia emocional?

En primer lugar, genera **empatía**. Cuando alguien muestra una determinada emoción, tratamos de comprender, de acercarnos y acompañar. También se da el contagio emocional, propagándose las emociones de una persona a otra.

Es una buena decisión tratar de **rodearse de personas positivas** pues las emociones que manifiestan, de alegría o serenidad, se nos van a contagiar. Como esto en determinados entornos no se puede elegir, sí podemos tratar de cambiar las emociones con sentido del humor o comentarios positivos.

La **comunicación emocional** se refiere al impacto que las emociones de los demás tienen sobre las nuestras propias. Así, como seres sociales, estamos constantemente expuestos a las emociones de las personas que nos rodean (y no se puede evitar). A continuación una serie de pautas para facilitar este tipo de comunicación.

- Explica cosas positivas de ti que te identifiquen y con quien sea adecuado hacerlo.
- Los halagos, en una buena medida y dichos con sinceridad, nada de invenciones, ni dobles intenciones, acercan a las personas.
- Decir cómo me siento, bien o mal, puede ayudar a otros a acompañarme con mis emociones negativas o a compartir las positivas (que se contagien).
- Es importante aprender a decir las cosas negativas, como por ejemplo las quejas. Hay que transformar las quejas en elementos de construcción: algo está mal y se podría mejorar de tal forma. Si es quejarse sin intención dediquemos un tiempo basura, 10 o 15 minutos al día a sacarlo y luego vayamos a otra cosa.
- El decir que no es una cosa esencial en la vida. Para poder decir no debemos conocer los propios límites, saber hasta

dónde podemos o estamos dispuestos a llegar. A partir de ese límite, podemos anticipar y recrear como decírselo a la persona. Tratar de encontrar la mejor forma de expresarnos y dar una buena explicación del por qué no.

- La empatía también nos acerca. Podríamos encontrar explicaciones sobre el porqué de los sentimientos ajenos de cualquier persona. Según los budistas, deberíamos tratar de pensar cómo se sienten las personas que amamos, de los demás que nos rodean (conocidos) y, hasta de nuestros enemigos. En cualquier caso, la mejor manera es la de preguntar a aquella persona.

Finalmente, hay que tener un especial cuidado con esta comunicación emocional pues en ocasiones tendemos a pensar que es buena la incontinencia o verborrea emocional, es decir, trasladar todo lo que sentimos sí o sí. Es comprensible que tras siglos de esconder las emociones, ahora nos veamos legitimados a comunicar y disponer las emociones a otros pero también hay que tener en cuenta el principio de economizar, es decir, traslademos aquello que nos hará bien decir o de lo que otros podrán hacerse cargo. El decir por decir puede ser sumamente perjudicial, por ello, mejor pensar antes de expresar cuál es el objetivo de esta comunicación.

La influencia existe y nos interesa para **crear bonitas conexiones**. Si bien esta conexión no se puede imponer, podemos fomentarla mediante prácticas como las 36 preguntas para enamorarse de una persona, creadas por el psicólogo Arthur Aron (1993) (ver el anexo 4 si sientes curiosidad). La clave para construir relaciones profundas y significativas radica en la autenticidad y el respeto hacia nuestras propias emociones y las de los demás. Al honrar nuestras experiencias emocionales y comunicarnos de manera genuina, cultivamos conexiones más auténticas y enriquecedoras. Recordemos que nuestras emociones son válidas y legítimas, y que, al compartir nuestras vulnerabilidades, fortalezas y alegrías, creamos espacios de comprensión y empatía mutua.

La influencia emocional es una parte fundamental de la experiencia humana, ya que las emociones no solo son internas, sino que también se comparten y se transmiten entre los demás. Reconocer y gestionar cómo las emociones de otras personas impactan en las nuestras nos ayuda a mantener un equilibrio emocional saludable y a tomar decisiones más conscientes y cuidadosas.

JUZGAR

Tu meta no es ser mejor que alguien,
Sino ser mejor de lo que solías ser.

(Wayne Dyer)

Los seres humanos somos juzgadores profesionales. Nos fijamos en lo de los demás y si les va suficientemente bien, no nos gusta. Esto se llama envidia. Las personas que tienen el oficio de criticar a los demás piensan que a través de estas críticas hacen vínculos fuertes desde la malicia. Alguien dijo una vez que la persona que critica frente a ti a todo el resto, cuando te giras, lo primero que hace es criticarte a ti. Son personas que suelen dirigirlo todo hacia lo negativo. Estamos creando un mundo de *likes* y *hates*, lo cual favorece estas actitudes de critiqueo.

Cuando ella criticaba el trabajo, a sus compañeros y a dirección, se sentía incomoda. Le hacía sentir mal ver que todo a su alrededor era negativo, pero también tenía su lado positivo, se enteraba de cotilleos que luego podía utilizar a su favor. Además, ver en los demás errores, la ensalzaba, le hacía sentir mejor y más grande. Es un juego sucio, pero lo hacía constantemente, no lo podía evitar. Aunque en el fondo sabía que esta actitud no la llevaba a ningún lugar positivo, se encontraba atrapada en un ciclo vicioso del cual no podía escapar fácilmente.

Cada crítica que lanzaba era como una piedra que arrojaba al estanque de las relaciones, creando ondas de malestar y desconfianza a su alrededor. Pero, a pesar de las consecuencias negativas, encontraba un consuelo momentáneo en la sensación de superioridad que experimentaba al señalar los errores y defectos de los demás. En esos momentos, su ego se inflaba y se sentía momentáneamente más grande, más poderosa.

Sin embargo, en lo más profundo de su ser, sabía que este comportamiento no era digno ni constructivo. Se sentía atrapada en un juego sucio del cual ansiaba liberarse, pero que parecía controlarla como si fuera una marioneta. La paradoja de su situación era evidente: mientras criticaba a los demás, también sentía el peso de la mirada crítica ajena sobre ella, y la sensación de ser juzgada le provocaba una incomodidad palpable.

Aunque podía encontrar cierto placer momentáneo en los cotilleos y en resaltar los errores de los demás, sabía que este comportamiento no la llevaba a una verdadera satisfacción ni a relaciones saludables. Reconocía que debía enfrentarse a sus propias inseguridades y aprender a aceptarse a sí misma y a los demás con compasión y empatía. Solo entonces podría liberarse del ciclo tóxico del juicio constante y encontrar la verdadera paz interior.

> La tendencia a juzgar es una de las reacciones más comunes y automáticas del ser humano. Muchas veces, nuestro cerebro está programado para hacer juicios rápidos, ya sea sobre situaciones, personas o incluso sobre nosotros mismos. Estos juicios pueden ser el resultado de creencias y prejuicios preexistentes, experiencias pasadas, o simplemente la necesidad de categorizar y entender rápidamente el mundo que nos rodea. Sin embargo, el juicio constante puede crear barreras emocionales, fomentar la incomprensión y dañar nuestras relaciones.

¿Por qué tendemos a juzgar? Los juicios nacen a menudo del deseo de protegernos si percibimos amenazas; por influencia social o cultural; por baja tolerancia a la ambigüedad, buscando certezas y claridad; o por proyección de inseguridades (mejor parecer estar "por encima" que sentirse continuamente "por debajo"). Quejarse y compararse con los demás, así como pensar que sabemos todo sobre los demás o cómo se sienten, son manifestaciones de soberbia de gran magnitud. Estos comportamientos son completamente improductivos, ya que no generan más que un ambiente negativo. Esta actitud de juzgar conlleva a la inmovilidad. Criticar a los demás es desagradable, pero aún peor es presumir que entendemos las emociones de los demás u opinar lo que deberían sentir.

Trabajar con personas nos hace conscientes de que cada individuo es único en sus sentimientos, y que detrás de cada emoción hay una historia que merece ser escuchada. Por lo tanto, es necesario **abstenernos de dar nada por sentado** y practicar el pensamiento positivo, **buscando reconocer las virtudes en las personas y en las situaciones**. Practiquemos el cuestionamiento de suposiciones (¿qué juicios hice sin preguntar?) y la empatía cognitiva (¿qué razón tiene para comportarse así?).

Si sentimos la necesidad de criticar a alguien apliquemos **la regla de las tres soluciones**: buscar al menos tres maneras de mejorar la situación. Cambiemos nuestro enfoque de lo negativo a lo positivo. ¿Por qué sentimos la necesidad de juzgar a los demás? En lugar de criticar, busquemos oportunidades para **aprender de las diferencias y errores de los demás**. Es un buen experimento, que cuesta de llevar a cabo el examinar los propios sesgos o errores, lo cual debería ir por delante de querer analizar los de los demás.

También sentimos la necesidad de juzgar nuestras propias emociones, bien sea por autoexigencia emocional, reprimiendo lo que sentimos o sintiendo culpabilidad por nuestras emociones. En lugar de juzgarnos, podríamos preguntarnos: ¿qué me está enseñando esta emoción? Para dejar de sentirnos juzgados en nuestras emociones, es importante **validar lo que sentimos**. Todas nuestras emociones, independientemente de su naturaleza, son válidas y legítimas. Practiquemos la autoaceptación, reconociendo nuestras emociones difíciles y comprendiendo que estas no nos definen como individuos. Si nos sentimos juzgados por los demás, **comuniquemos nuestras emociones** de manera asertiva y honesta. Expresémonos sobre cómo ciertas actitudes o comentarios nos hacen sentir y establezcamos límites claros si es necesario.

Seamos compasivos con nosotros mismos mientras trabajamos en dejar de juzgar a los demás y en superar la sensación de ser juzgados en nuestras emociones. Las emociones no necesitan ser juzgadas, sino acogidas con comprensión.

KINESTESIA

El movimiento es una medicina para crear el cambio físico, emocional y mental.

(Carol Welch)

Las emociones se muestran en el cuerpo, en el movimiento. La artista serbia Marina Abramovic hizo una obra artística en el MoMa de Nueva York que se llamaba *La artista está presente* (2010). En esta se mantenía sentada con los ojos cerrados hasta que llegaba una persona que se sentaba en frente, abriendo esta los ojos tratando de no reaccionar a las expresiones de la otra persona. Hasta que llegó Ulay, una ex pareja de Marina. Marina no pudo aguantar la expresión y cambió la cara, discretamente. Vale la pena ver el video de la grabación y así darse cuenta de que las emociones se pueden ver en la cara y el cuerpo.

La próxima clase es de corporalidad y cinestesia, la parte del programa más desafiante. Como actor, mi enfoque principal debería estar en afinar mi voz para cualquier papel que pueda surgir en un musical o sumergirme en una variedad de roles para maximizar mi versatilidad. Bailarina no seré, eso lo sé con certeza.

Sin embargo, en la clase de hoy se abrió una nueva perspectiva que no había considerado antes. Aprendimos a imitar gestos y movimientos de otras personas, comenzando con expresiones faciales frente al espejo: alegría, sorpresa, asco, miedo, entre otras. Fue intrigante ver cómo nuestro rostro cambiaba con cada emoción. Nos hablaron de las neuronas espejo, aquellas que se activan en nuestro cerebro cuando observamos a alguien más realizar la misma acción.

Practicamos el equilibrio con ejercicios de yoga, como el árbol, desafiándonos a mantenernos en una pierna con los brazos en alto. Personalmente, me costó mucho mantener el equilibrio, pero me sorprendió la importancia de esta habilidad y la facilidad con la que se logra cuando ambos pies están firmemente plantados en el suelo.

Experimentamos diferentes situaciones y emociones, como recibir gritos de un jefe o sentir miedo, observando cómo nuestro cuerpo se adaptaba a cada circunstancia. Esta reflexión sobre el cuerpo y su relación con nuestras experiencias fue reveladora. Si nos faltaran partes del cuerpo, entonces sí que pensaríamos en ello con melancolía, pero si no, ni le damos importancia. Y cuán importante es tener piernas para caminar, brazos para utilizar las cosas, además de la cabeza para pensar. Somos demasiado mentales.

Finalmente, participamos en una carrera de obstáculos, una metáfora de la vida misma. Nos vamos moviendo, avanzando, aunque creamos estar parados y con este avance nuestro cuerpo cambia, cuesta tantísimo asumir el paso del tiempo... Creo que lo que más aprendí en la clase de hoy, es a fijarme en el cuerpo y valorar esta fantástica estructura que tenemos y, además, a moverme, moverme y moverme sin más (con intención o en absoluta libertad). Será una clase a la que vendré con más ganas y veremos donde están mis límites.

El cuerpo es otro lenguaje que se aprovecha (se aprovechan mutuamente) de las emociones. Nuestro cuerpo se mueve y tiene sensaciones a partir de lo que estamos sintiendo. Si me siento deprimido, la espalda se dobla hacia adelante, la cabeza hacia abajo, mirando el suelo, parece que nos dejara de interesar lo que ocurre a nuestro alrededor.

La kinestesia también tiene que ver con el equilibrio y las nuestras sensaciones internas. La kinestesia emocional es una formulación que intenta conectar a la persona con lo que dice su cuerpo y, al contrario, expresar a través del cuerpo lo que se está sintiendo, dejándose ir. ¿Cómo se puede fomentar esta kinestesia emocional? Busca un espacio libre de prejuicios en el que te puedas mover libremente. Céntrate en el cuerpo y cómo te sientes en ese momento. Trata de moverte por el espacio como te pida el cuerpo. Puedes experimentar libremente, con diversas emociones o de una forma más guiada, acompañado con una música que te genere estas emociones. Observa cómo se mueve y cómo cambia el cuerpo. La idea es: conectar, parar, mover y tomar conciencia de lo que se puede decir a través del cuerpo.

Ejercicios para trabajar la corporalidad emocional

Estos ejercicios te ayudarán a explorar cómo las emociones influyen en tu postura y en tus sensaciones corporales, y brindan la oportunidad de conectarte más profundamente con tus emociones a través del movimiento y la expresión corporal.

a. *Conciencia corporal*: sentarse o estirarse en un lugar cómodo y tranquilo. Centrarse primero en la respiración, cómo entra y sale el aire con serenidad. Se puede ir repasando las diferentes partes del cuerpo desde los pies hasta la cabeza. Centrando la atención en cada una de las partes y fijándose en cómo se siente esa zona y si se siente alguna emoción específica.
b. *Grounding*: este ejercicio trata de activar cuerpo y diferentes sentidos a la vez. Se pueden aplicar diferentes estrategias para activar los sentidos, como: la vista mediante observación de paisajes, fotografías o arte; la audición a través de la música blanca, relajante o ASMR; el gusto probando diferentes sabores o alimentos con distintas texturas; el olfato disfrutando de fragancias naturales (la lavanda –es especialmente relajante) y, el tacto, haciendo manualidades o insertando manos en diferentes elementos.

c. *Desahogo emocional*: buscar fórmulas para poder hacer que las emociones puedan encontrar su propio espacio de expresión, por ejemplo, a partir de un grito gutural.
d. *Kin- Hin*: se trata de caminar de forma consciente. Iniciar una marcha, con el ritmo que pida el cuerpo, poniendo la atención a la postura y los pies. Se recomienda observar cada paso.
e. *Danza emocional*: pon tu música favorita y baila libremente, permitiendo que tu cuerpo se mueva de acuerdo con tus emociones. No te preocupes por seguir un ritmo o una coreografía específica. Concéntrate en expresar tus sentimientos a través del movimiento, dejando que tu cuerpo sea el canal de comunicación de tus emociones.
f. *Movimiento expresivo*: dedica tiempo a realizar movimientos expresivos que reflejen tus emociones. Puedes usar gestos, posturas corporales o incluso improvisar pequeñas escenas que representen lo que estás sintiendo. Esto te ayudará a exteriorizar tus emociones y a procesarlas de manera más efectiva.
g. *Masaje emocional*: date un masaje relajante o pide a alguien de confianza que te dé un masaje suave. Durante el masaje, concéntrate en las sensaciones físicas que experimentas y en cómo te hacen sentir emocionalmente. El contacto físico puede ser muy reconfortante y puede ayudarte a liberar tensiones emocionales.
h. *Escultura corporal*: Este ejercicio se puede realizar solo o con la ayuda de un compañero. Empieza por identificar una emoción específica que te gustaría explorar. Luego, cierra los ojos y visualiza cómo se manifiesta esa emoción en tu cuerpo. ¿Qué postura tomarías si estuvieras experimentando esa emoción intensamente? ¿Cómo moverías tu cuerpo? Una vez que hayas imaginado cómo se vería tu cuerpo expresando esa emoción, tómate un momento para adoptar esa postura física. Permítete sentir las sensaciones en tu cuerpo mientras mantienes esa posición. Observa cómo cambian tus sensaciones y emociones al adoptar esa postura.

Estos ejercicios pueden ser útiles para cultivar una mayor conciencia de tu cuerpo y de cómo tus emociones se manifiestan a través de él. Recuerda adaptar los ejercicios a tus necesidades y preferencias individuales.

LABILIDAD EMOCIONAL

Los sentimientos van y vienen como las nubes en un cielo ventoso.

(Thich Nhat Hanh)

Me levanto de un humor de perros, llueve y he dormido mal. Es un día de esos que vienen de vez en cuando en los que parece que todo me vaya en contra. Cuando salgo a la calle y la veo mojada, siento frío y poquísimas ganas de ir a trabajar. Me planto en el trabajo, después de una hora de atasco y ya no sólo me encuentro cansado, también enfadado. Empieza mi jornada fatal, una reunión larguísima y poco productiva y un montón de demandas. No paro. Llega el delicioso momento del café, glorioso. Me dispongo a ir a la sala de descanso, pero los compañeros no paran de hablar del trabajo. No quiero añadir eso a lo que ya llevo en mi mochila y me vuelvo a mi mesa con mi café y un croissant. Desconecto y me siento tranquilo por unos minutos. Vuelvo a la rutina y me felicitan por el trabajo bien hecho. ¡Bien! Una satisfacción que aquello en lo que puse tantas horas y esfuerzo fuera bien recibido y haya sido reconocido. Eso me alegra, ahora sigo trabajando con una sonrisa frente al ordenador. Me da la sensación de que el tiempo pasa más rápido y llega el final de la jornada. Me voy para casa, ha parado de llover y parece que el tráfico es fluido. Llego más rápido de lo esperado, se pusieron los semáforos de acuerdo para ello. Me espera el plato de mi comida favorita, ñoquis al pesto. Qué maravilloso. Pienso en la suerte que tengo en mi vida. Acabamos de cenar, me duermo viendo la serie y a descansar. Mañana será otro día.

La labilidad emocional se define como los cambios de humor que tenemos en nuestro día a día. Normalmente, cada persona tiene una línea emocional, es decir, más o menos solemos tener un humor similar en el mismo grado. Sin embargo, factores externos, como el clima, pueden influir en estos cambios. Un buen ejercicio es poder registrar qué emociones tengo y ponerles una nota del 0 al 10. Ese registro nos dará nuestra **línea base emocional**, veremos nuestra "nota media" emocional. Se pueden incorporar **técnicas de autorregulación emocional**, como:

- la visualización: tratar de imaginar situaciones o lugares donde me siento en calma o cualquier objeto que pueda relajarme o,
- el *reframing*: buscar una perspectiva diferente, más positiva y de aprendizaje, frente a lo que nos ocurre día a día.

Es importante ser pacientes con uno mismo y darse tiempo para desarrollar la habilidad para regular la labilidad emocional. Es crucial entender que experimentar cambios de humor no significa que seamos bipolares. La bipolaridad es un trastorno complejo que va más allá de las fluctuaciones emocionales. Es importante no autodiagnosticarse. Si estos cambios son frecuentes y exagerados, puede ser indicativo de una desregulación emocional que requiere atención especializada. Si no se trata de una alteración del estado de ánimo, sino de un momento de cambios emocionales, la base estaría en la observación de estos estados. Sería necesario el poder prestar atención a los cambios emocionales y al porqué estos se están dando. Aquí se trataría de dedicar unos minutos al día a escribir lo que se ha sentido, qué situaciones lo provocaron y cómo respondimos. Al detectar altibajos emocionales podemos entender qué nos está ocurriendo y buscar estrategias para poder recuperar el equilibrio previo.

Hay una característica de nuestra personalidad en el área emocional que también suele conllevar cierta confusión e incomprensión, como es la **alta sensibilidad**. Se llama a las personas que lo experimentan persona altamente sensible (PAS). Es una característica presente en aproximadamente el 20% de la población, que se manifiesta en una mayor receptividad y procesamiento de estímulos emocionales, sensoriales y ambientales (Aron, 1996). Las personas altamente sensibles tienden a percibir y procesar de manera más intensa las emociones, los sonidos, los olores y otros estímulos del entorno que las rodea. Entre las características comunes de las personas altamente sensibles se encuentran una mayor empatía hacia los demás, una profunda conexión con la naturaleza, una sensibilidad extrema a los estímulos sensoriales y una capacidad innata para percibir matices emocionales sutiles en el ambiente. Además, suelen ser más conscientes de los detalles y tener una rica vida interior.

Aunque la alta sensibilidad puede ser una cualidad enriquecedora que nos permite apreciar la belleza del mundo de manera más profunda, también puede venir acompañada de desafíos. Las personas altamente sensibles pueden experimentar fácilmente sobrecarga sensorial, estrés emocional alta autocrítica, dificultades en ambientes sociales y dificultades para establecer límites saludables en sus relaciones interpersonales (Aron, 2010).

Para gestionar la alta sensibilidad de manera efectiva, es fundamental cultivar la autoconciencia y el autocuidado. Esto incluye:

- identificar y respetar los propios límites emocionales y sensoriales,
- buscar entornos tranquilos, evitar ruidos fuertes o luces brillantes,
- practicar el autocuidado físico y emocional,
- cultivar relaciones empáticas y comprensivas
- establecer rutinas que fomenten la relajación y el bienestar y,
- practicar técnicas de autorregulación emocional como la meditación y la respiración consciente (Zeff, 2004).

En lugar de ver la alta sensibilidad como una debilidad, las PAS pueden aprender a verla como un don. La capacidad para conectar profundamente con los demás, la empatía y la conciencia de los detalles son fortalezas que pueden ser muy valiosas, tanto para el crecimiento personal como para las relaciones interpersonales. Ser una persona altamente sensible no es ni una debilidad ni una carga, sino una característica que tiene tanto ventajas como desafíos. La clave para las personas con alta sensibilidad está en comprender y aceptar su naturaleza, aprender a gestionar las emociones y estímulos, y establecer límites saludables.

Finalmente, cabe considerar que tanto la labilidad, como la alta sensibilidad, pueden llevar a un agotamiento emocional si no se gestionan bien. La sobreestimulación puede afectar a las PAS, mientras que el descontrol emocional desgasta a quienes tienen labilidad. Estrategias de autorregulación y descanso emocional son clave para evitar la fatiga emocional. En ocasiones es bueno hacer una "desconexión emocional" y pasar a otros objetivos o actividades.

MODELOS EMOCIONALES

Todo nuestro conocimiento tiene su principio en los sentimientos.

(Leonardo Da Vinci)

Las emociones se han tratado de describir desde diferentes prismas. Al ser procesos complejos, es difícil mantener una clasificación fija adecuada al gusto de todos los estudiosos.

Pensemos como si las emociones fueran modelos que caminaran por una pasarela. Llevan diferentes vestidos, cada uno con sus propias texturas y colores y, llamará la atención de unos y no de otros. Atendamos a los diferentes vestidos que llevaran en pasarela. En el backstage emocional estarán el conjunto de emociones principales dispuestas a salir para mostrar lo que de estas dicen los investigadores.

Programa del Fashion Show

08.00h Desfile de James-Lange (1884-1890)

09.00h Desfile de Darwin (1872), Buck (1991), Tomkins (1962), Izard (1971) y Ekman (1999)

10.00h Desfile de Cannon-Bard (1927)

11.00h Desfile de Schachter y Singer (1962)
12.00h Desfile de Weiner (1980)
13.00h Desfile de Russell (1980)
15.00h Desfile Lazarus (1966) y de Lazarus y Folkman (1984)
16.00h Desfile Plutchik (1984)
17.00h Desfile de Watson y Tellegen (1985)
18.00h Desfile de Fridja (1986)
19.00h Desfile de J.A. Gray (1994)
20.00h Desfile de IE (Goleman, 1995; Salovey y Mayer, 1990)
21.00h Desfile de LeDoux (1999, 1994)
22.00h Desfile de Damasio (2004)
23.00h Despedida del show

Desfile de James-Lange (1884 y 1890): destaca los cambios viscerales. Esto son cambios en el cuerpo que dan lugar a cada una de las emociones. Se siente algo en el cuerpo, como el corazón acelerado y la temperatura alta, lo cual identificamos con el enfado.

Desfile de Darwin (1872), Buck (1991), Tomkins (1962), Izard (1971) y Ekman (1999): Darwin mostraba unas emociones que están ahí para ayudarnos a adaptarnos al medio. Si vemos un animal salvaje vamos a sentir el miedo necesario para que empecemos a correr. Las emociones nos hacen sobrevivir, acercarnos entre nosotros y entender las reacciones de los demás. Buck habló del PRIMES (*primary motivacional emotional systems*). Esto hace referencia a que las emociones salen por algún motivo, por una motivación. Siempre hay algo que mueve a una emoción. Tomkins añadió un matiz a los modelos, la siguiente secuencia: se activa el cerebro (cortical y subcorticalmente) + se da una expresión en la cara + se recibe una información desde el cuerpo + se genera la experiencia emocional o sentimiento. Izard hizo desfilar con máscaras con diferentes expresiones faciales, dando a entender que hay un correlato entre cada emoción y la forma en que esta se representa en la cara. Y Ekman presentó seis modelos, las emociones básicas, que iban con la cara que les correspondían, como respuestas automáticas. Este, como el anterior, ponen mucho énfasis en las caras. Llamó al desfile *Facial Action Coding System* (FACS) relacionando emoción y expresión facial.

Desfile de Cannon-Bard (1927): las emociones se producen a partir de una determinada situación y la percepción que sobre esta se tiene en el cuerpo. A partir de ahí se recoge en el cuerpo esa sensación que dará lugar a la experiencia subjetiva. Hay puntos específicos en el cerebro para generar las emociones.

Desfile de Schachter y Singer (1962): conciben que la emoción resulta de una activación fisiológica (en el cuerpo) y de un análisis de la situación (de pensamiento).

Desfile de Weiner (1980): pensamos en las causas que nos producen las emociones y de ahí que reaccionemos de formas diferentes a mismas situaciones.

Desfile de Russell (1980): las emociones tienen dos dimensiones: el agrado o desagrado y el nivel de activación. Así, las emociones se clasifican según si producen un alto o bajo grado de "movimiento" y a su vez, si son buenas o malas para nosotros.

Desfile Lazarus (1966) y de Lazarus y Folkman (1984): las emociones surgen después de la evaluación que realizamos de las situaciones. Primero, decidimos si es importante para nosotros y, si es positivo o negativo y luego, cómo enfrentarnos a la situación, con qué recursos contamos para ello. Encontramos dos formas de afrontar las situaciones, centrándonos directamente en el problema o en cómo manejar la emoción que se desencadena.

Desfile Plutchik (1984): propone ocho emociones básicas, como son la alegría, la tristeza, el miedo, la ira, la sorpresa, el disgusto, la anticipación y la confianza. Estas serían las emociones universales, las que llamaríamos primarias. Si las combinamos tenemos unos centenares de emociones, las secundarias (sumando las primarias) y las terciarias (más complejas que las anteriores).

Desfile de Watson y Tellegen (1985): clasifica las emociones en positivas y negativas. Las emociones positivas serían las que producen sensaciones y pensamientos buenos y las negativas, las de afectividad desagradable.

Desfile de Fridja (1986): las emociones con tres componentes básicos: las expresiones faciales, los cambios en el cuerpo y las tendencias a la acción.

Desfile de J. A. Gray (1994): las emociones tienen un sistema de activación: el que nos moviliza hacia determinados objetivos o nos inhibe, dando lugar a la parálisis o la necesidad de controlar. Las reacciones emocionales se ven matizadas por las acciones que hacemos o lo que dejamos de hacer.

Desfile de IE (Goleman, 1995; Salovey y Mayer, 1990): Goleman crea un concepto nuevo, el de inteligencia emocional. Presenta cinco habilidades que conforman la inteligencia emocional: la conciencia emocional, la autogestión de las emociones, la auto motivación, la empatía y las habilidades sociales. Salovey y Mayer añaden la percepción emocional (cómo vemos las emociones), la facilitación emocional (como estas ayudan en el pensamiento, la toma de decisiones y la solución de problemas), la comprensión emocional (saber qué me ocurre y por qué) y la regulación emocional (qué hacer con estas emociones).

Desfile de LeDoux (1999, 1994): los estímulos emocionales se procesan en el área subcortical, generando respuestas rápidas y si hay que analizar más, pasan estas a la parte del córtex para tener conciencia y un mayor análisis.

Desfile de Damasio (2004): muestra que las emociones son imprescindibles para la toma de decisiones. Habla de marcadores somáticos que guían el comportamiento, es decir, señales físicas que ayudan a evaluar la probabilidad de resultados positivos o negativos en una situación dada.

Desde el modelo evolutivo de Darwin hasta las teorías modernas de la inteligencia emocional, hemos visto cómo las emociones han evolucionado para ayudarnos a sobrevivir, relacionarnos y tomar decisiones en un mundo en constante cambio. A lo largo de este desfile, se ha descubierto que las emociones no son estáticas ni unidimensionales; son complejas, dinámicas y multifacéticas.

Al final, queda claro que las emociones son una parte integral de lo que significa ser humano. Nos conectan con nosotros mismos y con los demás, nos guían en nuestras decisiones y nos dan color y textura a nuestras experiencias. No hay una sola forma de definirlas o entenderlas. ¡Gracias por acompañarnos en este increíble espectáculo!

Los modelos presentados ofrecen **información importante para comprender la naturaleza y la función de las emociones**. El resumen de la información expuesta en los diferentes modelos sería:

- Las emociones generan cambios viscerales en el cuerpo y cada emoción las suyas.
- Las emociones tienen una función evolutiva, de supervivencia y adaptación.
- Las emociones generan expresión faciales universales y específicas.
- Las emociones se dan como una respuesta a una situación concreta.
- Las emociones (antes o después) se acompañan de pensamiento, así la mente colabora en la experiencia emocional.
- Las emociones nos hacen activar.
- Las emociones nos hacen buscar el origen que las desencadena, nos preguntamos por qué sentimos eso de forma común.
- Las emociones hacen que actuemos (reaccionemos) de una forma única.

- Las emociones se pueden clasificar según si son positivas y negativas; primarias, secundarias o terciarias o según si son de activación o inhibición.
- Las emociones se sitúan en el cerebro, en áreas determinadas.

Después de la información de cada modelo, se podría añadir un par de puntos adiciones que complementan estos:

- Las emociones son influenciadas por cultura y contexto, es decir, por normas sociales y expectativas culturales.
- Las emociones no son estáticas, sino dinámicas y evolucionan con el tiempo.
- Las emociones tienen impacto en nosotros y en los demás (componente social), así como en las relaciones que establecemos.

Las emociones son una parte esencial de la experiencia humana, influyendo en cómo percibimos, pensamos y nos relacionamos con el mundo que nos rodea. Desde las teorías evolutivas hasta los modelos contemporáneos de inteligencia emocional, cada enfoque nos ofrece una perspectiva única sobre la complejidad y la riqueza de nuestras experiencias emocionales. Es importante conocer qué se dice de las emociones pues ayudarán en la comprensión de estas y de sus diferentes componentes.

NEUROANATOMÍA EMOCIONAL

Todo está inscrito en nuestro cerebro: la capacidad de sentir y pensar, de emocionarnos y razonar, de aprender y memorizar, de enamorarnos y olvidar. Por eso, el cerebro es un órgano que debemos cuidar más que cualquier otro.
(Néstor Braidot)

El cerebro es un órgano excepcional. El cerebro humano tiene tres capas: una capa interna, muy resguardada (cerebro reptiliano), dedicada al movimiento, a la atención y la que regula nuestro nivel de actividad; el cerebro emocional, casi en el centro, que se encarga de la motivación (lo que nos mueve a progresar y a hacer cosas) y, la zona emocional; y la última capa, la más externa, es amplia y nos sirve para poder hablar, aprender, memorizar e incluso imaginar. Nos ofrece muchísimas posibilidades.

El cerebro emocional tiene una neuroanatomía especial. Está situado en un espacio de paso. Cuando nos llega información, pasa por la amígdala –que es una parte fundamental del cerebro emocional–, y esta decide si tiene que añadir esta información emocional o no.

La amígdala es una estructura en forma de almendra ubicada en el lóbulo temporal del cerebro. Es central en el procesamiento de las emociones, especialmente en la evaluación y respuesta al miedo y la amenaza. También está involucrada en la formación de recuerdos emocionales y en la regulación de las respuestas emocionales automáticas.

El hipotálamo se encuentra debajo de la amígdala y juega un papel crucial en la regulación del sistema nervioso autónomo y la liberación de hormonas relacionadas con el estrés y las emociones, como la adrenalina y el cortisol. También está implicado en la regulación de funciones corporales básicas como el hambre, la sed y el sueño, que pueden influir en el estado emocional.

La corteza prefrontal, especialmente la parte anterior, está involucrada en el control ejecutivo y la regulación emocional. Ayuda a interpretar y contextualizar las emociones, así como a regular las respuestas emocionales, el comportamiento impulsivo y la toma de decisiones. También está implicada en la empatía y la comprensión de las emociones de los demás.

El hipocampo, ubicado en el lóbulo temporal medial, desempeña un papel importante en la formación y consolidación de la memoria, incluidos los recuerdos emocionales. Ayuda a vincular las experiencias emocionales pasadas con el presente y a contextualizar las respuestas emocionales en función de la información almacenada en la memoria.

Estas estructuras trabajan en conjunto para procesar, interpretar y regular nuestras experiencias emocionales, influenciando nuestra percepción del mundo y nuestras respuestas emocionales a él.

Las emociones ejercen una influencia profunda en nuestro cuerpo, desencadenando una serie de respuestas fisiológicas que pueden afectar desde el funcionamiento de nuestros órganos hasta la liberación de hormonas. Las emociones pueden activar el sistema nervioso autónomo, que regula funciones corporales involuntarias como la frecuencia cardíaca, la respiración, la presión arterial y la sudoración. Por ejemplo, el miedo puede desencadenar una respuesta de lucha o huida, aumentando la frecuencia cardíaca y la respiración para preparar al cuerpo para enfrentar una amenaza percibida.

Las emociones pueden influir en la liberación de hormonas en el cuerpo. El estrés puede desencadenar la liberación de cortisol y adrenalina, hormonas que preparan al cuerpo para responder a situaciones estresantes al aumentar la energía y la alerta. Sin embargo, la exposición crónica al estrés puede tener efectos negativos en la salud, como aumentar el riesgo de enfermedades cardiovasculares y suprimir el sistema inmunológico.

Las emociones pueden afectar la función del sistema inmunológico. Así, el estrés crónico puede debilitar la respuesta inmunológica del cuerpo, haciéndolo más susceptible a enfermedades e infecciones. Por otro lado, las emociones positivas, como la alegría y la gratitud, pueden tener efectos beneficiosos en la salud inmunológica.

Las emociones pueden manifestarse físicamente a través de cambios en la postura corporal y la tensión muscular. Por ejemplo, la tristeza puede ir acompañada de una postura encorvada y una expresión facial caída, mientras que la ira puede estar asociada con una postura más erguida y tensión muscular en los hombros y la mandíbula.

Además, las emociones tienen una representación en nuestro cuerpo. En el año 2014 les hicieron una topografía corporal en la que se puede observar cómo:

- el enfado se concentra en la parte de la cabeza (todo lo que llegamos a insultar en nuestro interior) y también en los puños (por si tuviéramos que devolverla),
- el miedo nos acelera el corazón y nos bloquea, pues no activa la parte baja, sólo ligeramente por si debiéramos salir corriendo,
- el disgusto es parecido al anterior, sólo activa la parte de pensamiento y el corazón,
- la alegría nos activa todo el cuerpo y muy especialmente la parte de la cabeza, la cara y el corazón,

- la tristeza nos activa muy poco, el corazón parece romperse e incluso nos deja bajo cero, pues el color azulado indica muy baja activación,
- la sorpresa va a la cabeza,
- una emoción neutral, como la que tendría una mañana cualquiera frente a mi desayuno diario, no activa el cuerpo,
- la ansiedad activa nuestra parte pulmonar, sufrimos y nos cuesta respirar y baja hasta el estómago,
- el amor nos exacerba mente, cara, tórax y llega hasta los órganos sexuales, que también los altera,
- la depresión te deja k.o., sin energía, un nivel de activación bajo cero ya no da ni para pensar, sólo se quiere desaparecer,
- la contemplación se sitúa en la cara, cómo no, para observar con atención,
- el orgullo hiperactiva la cabeza, ¡faltaba más que tuviéramos que cambiar de opinión y no tener la razón!,
- la vergüenza, grácilmente, recuerda a Spiderman, con unos ojos fijos en los demás pensando que me miran, que se ríen de mí,
- y la envidia está en la cabeza pues es desde esta que deseo lo que tienen los otros y yo no tengo.

Figura 3.
Imagen de la representación de las emociones en el cuerpo.

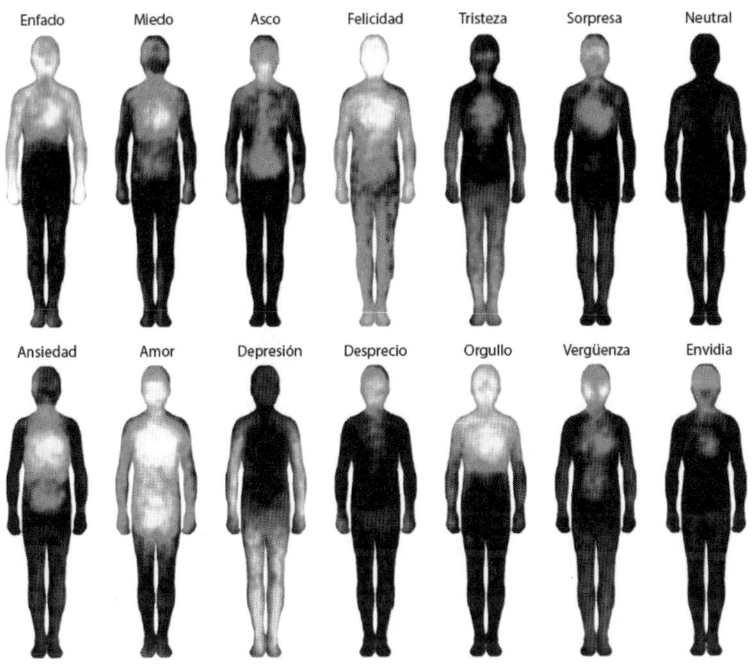

@ Lauri Nummenmaa, Enriico Glerean, Ritta Hari y Jari Hietanen (2014)

Finalmente, hay que considerar la relación del cerebro emocional con las enfermedades pues está implicado en la aparición y el progreso de diversas, tanto físicas, como mentales. El cerebro emocional está estrechamente relacionado con trastornos psicológicos como la ansiedad, la depresión y el trastorno de estrés postraumático (TEPT). Estos trastornos pueden estar asociados con alteraciones en la actividad de áreas cerebrales específicas, como la amígdala y la corteza prefrontal, que están involucradas en el procesamiento y regulación emocional.

Algunas enfermedades neurodegenerativas, como el Alzheimer y el Parkinson, pueden afectar áreas del cerebro emocional, lo que lleva a cambios en la función emocional y el comportamiento. Por ejemplo, en el Alzheimer, se pueden observar alteraciones en la amígdala y el hipotálamo, lo que puede contribuir a síntomas como la ansiedad y la agitación.

Existe evidencia creciente de que las emociones pueden influir en el desarrollo y la progresión de enfermedades cardiovasculares como la enfermedad coronaria y la hipertensión. El estrés crónico y las emociones negativas como la ira y la hostilidad pueden desencadenar respuestas fisiológicas que contribuyen a la inflamación, el endurecimiento de las arterias y el aumento de la presión arterial, lo que aumenta el riesgo de enfermedad cardiovascular.

El cerebro emocional también está interconectado con el sistema digestivo a través del eje cerebro-intestino. Las emociones pueden afectar la función gastrointestinal y están implicadas en trastornos como el síndrome del intestino irritable (SII) y la enfermedad inflamatoria intestinal (EII). El estrés y la ansiedad pueden desencadenar síntomas gastrointestinales y empeorar la gravedad de estas enfermedades.

Se ha demostrado que el estrés emocional puede influir en la actividad del sistema inmunológico y aumentar la susceptibilidad a enfermedades autoinmunes como la artritis reumatoide, el lupus y la psoriasis. Las emociones negativas y el estrés crónico pueden desencadenar respuestas inflamatorias en el cuerpo que contribuyen al desarrollo y la progresión de estas enfermedades.

El cerebro emocional juega un papel crucial en la salud y el bienestar general, y las emociones pueden influir en una amplia gama de enfermedades tanto físicas como mentales. La comprensión de esta relación puede ayudar a desarrollar estrategias efectivas para gestionar el impacto de las emociones en la salud y promover un mayor bienestar emocional y físico.

Al comprender mejor cómo las emociones se manifiestan en nuestro cuerpo, podemos aprender a escuchar las señales que nos envía nuestra fisiología y a cultivar una mayor conciencia de nosotros mismos.

Esta conciencia nos brinda la oportunidad de desarrollar estrategias efectivas para gestionar nuestras emociones, promoviendo así un mayor bienestar emocional y físico en nuestras vidas.

Para lograr entender el cerebro de una forma más extensa se puede consultar el libro de Nazaret Castellanos, la *Neurociencia del Cuerpo* (2022). **Comprender el funcionamiento del cerebro** y poder favorecer que este sea fluido debería ser parte de nuestra responsabilidad (y homenaje) a tal increíble órgano.

Erickson *et al.* (2011) recomiendan **el ejercicio físico** para promover la neuroplasticidad que sería la capacidad del cerebro para cambiar y adaptarse. Se ha demostrado que el ejercicio aumenta la producción de factores neurotróficos, como el factor neurotrófico derivado del cerebro (BDNF), que promueven el crecimiento y la supervivencia de las células cerebrales, incluidas aquellas involucradas en el procesamiento emocional.

Una dieta equilibrada rica en ácidos grasos omega-3, antioxidantes y otros nutrientes esenciales puede influir en la producción y la actividad de neurotransmisores clave en el cerebro, como la serotonina y la dopamina, que están implicados en la regulación del estado de ánimo y las emociones. Consumir alimentos que promuevan la salud cerebral puede tener un impacto positivo en la estabilidad emocional (Jacka *et al.*, 2017).

También **el sueño** juega un papel crucial en la consolidación de la memoria emocional y en la regulación de las emociones. La privación del sueño puede afectar negativamente la función del sistema límbico y aumentar la reactividad emocional.

Por último, tal como indica Gruzelier (2014), **el neurofeedback**, una técnica que permite a las personas visualizar y modificar su actividad cerebral en tiempo real, también puede ser útil para entrenar la autorregulación emocional al proporcionar retroalimentación sobre los patrones de actividad cerebral asociados con diferentes estados emocionales.

Estos son algunos ejemplos de cómo abordar el cerebro emocional desde una perspectiva más biologicista, considerando cómo los hábitos de vida y las intervenciones específicas pueden influir en la neurobiología subyacente y, por lo tanto, en la regulación de las emociones. En el Anexo 5 puedes consultar algunos consejos más respecto a cada uno de estos hábitos.

DAÑO EMOCIONAL

Las lágrimas nacen del corazón, no del cerebro.

(Leonardo Da Vinci)

En Japón tienen un bello concepto, el *Kintsukoroi*. Cuando un objeto sufre un daño, no se tira o se reemplaza, sino que se considera más hermoso pues puede contar una historia. Así, los objetos rotos se rellenan con oro y plata, sin ocultar sus defectos. Los maestros *kintsugi* dejan a la vista la reconstrucción, entendiéndola como un símbolo de fragilidad, de fortaleza y de belleza.

El taller de *kintsukoroi* no es sólo un taller de cerámica y de restauración, sino que se convierte en un espacio de sabiduría. Lo primero que aprendemos los alumnos es que jamás se debe tapar una cicatriz pues esta nos hace ser quienes somos, habla de nosotros. Entendemos que en la vida va a haber sufrimiento de forma inevitable pero que el dolor es regulable.

Un día el maestro nos pidió que nos encargáramos nosotros de las tareas y planteamos un estudio sobre la incertidumbre. ¿Cómo se puede representar la incertidumbre? Un alumno mostró una imagen de un objeto que está y al minuto siguiente, no está. Pensamos que todo está bajo nuestro control cuando es lo contrario, hay pocas cosas que podamos saber que se van a mantener igual. Por ello, dijo el maestro que era una buena idea y que experimentáramos el devenir de los cambios.

Al día siguiente entró el maestro y lanzó al suelo todas las obras de cerámica de una de las estanterías. ¿No había dicho que bajo ningún concepto se debían romper las piezas? Eran esas actitudes las que nos hacían crecer más rápido pues debíamos pasar de la incredulidad a la comprensión en unas horas. El maestro, con su kimono tradicional, trato de hacernos entender que existe una responsabilidad en todos nosotros pero que cada cosa que ocurre nos puede hacer más fuertes o como mínimo, hacer crecer. Y nos dijo que frente a los hechos nos hiciéramos poderosas preguntas: ¿qué pasó? ¿por qué pasó? ¿cómo has reaccionado? ¿por qué has reaccionado así? ¿qué consecuencias tuvo? Y, ¿qué aprendiste de lo ocurrido?

El daño emocional es inevitable. No vamos a poder evitar que les ocurran cosas malas a nuestros hijos, más los protejamos y si los protegemos en exceso en realidad los haremos incapaces de afrontar lo que les venga por delante. Es mejor dar herramientas de qué hacer frente al dolor. El libro de Tomás Navarro (2017), *Kintsukoroi. El arte de curar heridas emocionales*, señala que lo primero sería **comprender el sufrimiento** y plantea tres puntos a seguir:

1. Buscar el origen de nuestro sufrimiento, entendiendo si este es externo o si nosotros tenemos alguna responsabilidad.
2. Poder observar la (poca) capacidad de control sobre la situación y, sobre todo, ser conscientes de las consecuencias.
3. Ver cuánto se extiende nuestro dolor, si es estable o irregular, agudo o puntual o si ha cambiado nuestra forma de ver el mundo, nuestras percepciones.
4. Tratar de modular las expresiones del dolor, midiendo la intensidad, la duración, el pronóstico y el impacto.

Y para curar las heridas emocionales, este autor recomienda la siguiente pomada:

- **Resonancia constructiva**: trabajar sobre la representación mental de lo ocurrido. Cuando algo duele solemos inventar cosas y añadir detalles a la historia. Tratemos de explicarnos la historia de la mejor forma posible, la que nos deje vivir en paz.
- **Impulso de reparación**: escuchar las necesidades de nuestro interior para curarse. A veces puede ser parar y estar en silencio o alguna conducta regresiva, que nos lleve a otra etapa de nuestra vida, como comerse una bolsa de chucherías.
- **Proceso de reconstrucción**: como proceso lleva un tiempo, las heridas no se curan en un día. Y siguiendo la analogía de la herida en el cuerpo, pensemos que las heridas necesitan cuidados y limpieza, quedar tapadas, coserse, dejar que les dé el sol, ponerse ungüentos e incluso, en determinadas circunstancias, recordar y sentir de nuevo. Intenta establecer una rutina saludable al principio, comer, dormir, hacer ejercicio y hacer alguna actividad agradable y dar paso a otras experiencias.

El entender el sufrimiento lleva a poder modular el dolor y empezar un proceso de curación. Darse tiempo e ir paso a paso pues cuando al final la herida cierra, que se transforme está en una cicatriz testimonio de lo ocurrido.

OPTIMISMO Y *HAPPYCRACIA*

Tal Ben-Shahar fue profesor en Harvard, le llamaban el profesor de la felicidad. Se hizo famoso al plantear esta optativa, *Psicología de la Felicidad*, y llenar año tras año el aula. De hecho, tendría que ser asignatura obligatoria pues ¿qué hay más importante que ser feliz? En su clase empezaba diciendo que ya la naturaleza nos predispone a la felicidad ya que está comprobado que tenemos 3 emociones positivas por cada emoción negativa. Nos pasamos la mayor parte de nuestro tiempo experimentando cosas buenas, pero claro, el cerebro está más preparado para recordar emociones negativas, por una simple cuestión de supervivencia.

Tal era un tipo carismático de aquellos que entraban en el auditorio y lo llenaban hasta con su silencio. Hablaba del modelo de arco iris que es un auténtico referente para entender las emociones. Estas se presentan en todos los colores del arco iris y la clave está en abrazar las emociones positivas y… también las negativas. No podemos dejarlas de lado, negarlas, no mirarlas, invisibilizarlas, sino integrarlas en la experiencia humana.

Hay que reconocerle el mérito de defender la idea de que el ser humano merece ser feliz y a la vez, no caer en la nueva religión de la *happycracia*. La *Happycracia* es un movimiento social por el cual se obliga a las personas a sentirse felices. Tal Ben-Shahar ya decía que buscar de forma obsesiva la felicidad nos predispone a perderla. La *happycracia* nos condena a la infelicidad y la insatisfacción crónica en realidad.

En contraste con la alegría que emanaba Tal, estaba Alain de Botton, un filósofo contemporáneo francés cuyo enfoque filosófico práctico ha resonado con personas de todo el mundo. Con su estilo reflexivo y perspicaz, De Botton desafiaba constantemente las nociones convencionales sobre la felicidad y el propósito de la vida. De Botton exploraba a través de sus obras, cómo el entorno físico y las experiencias pueden influir en nuestro bienestar emocional y nuestra búsqueda de significado. En *La arquitectura de la felicidad,* De Botton nos invita a reflexionar sobre cómo el diseño y la estética de nuestro entorno influyen en nuestro estado de ánimo y bienestar emocional. Mientras que en *El arte de viajar,* nos lleva a un viaje introspectivo, explorando cómo nuestras experiencias de viaje pueden enriquecer nuestra comprensión del mundo y de nosotros mismos.

Mientras Tal enseñaba sobre el modelo del arco iris y la importancia de abrazar todas las emociones, positivas y negativas, Alain de Botton sostenía que la verdadera felicidad no reside en la búsqueda obsesiva de placer y la evitación del dolor, sino en la comprensión de nuestras necesidades y deseos más profundos. En lugar de seguir ciegamente las normas de la *happycracia,* De Botton abogaba por una exploración más reflexiva y auténtica del significado en la vida, alentando a sus seguidores a buscar la sabiduría en la filosofía y la experiencia humana.

La confrontación entre las perspectivas de Tal Ben-Shahar y Alain de Botton generaba un debate apasionado en el aula, desafiando a los estudiantes a reflexionar sobre su propia búsqueda de la felicidad y el significado en la vida moderna.

En un mundo que parece obsesionado con la búsqueda constante de la felicidad, el optimismo se erige como una herramienta invaluable para navegar las aguas turbulentas de la vida moderna. Sin embargo, ¿cómo podemos cultivar una mentalidad optimista en medio de una cultura que nos bombardea con imágenes de perfección y felicidad constante?

La *happycracia*, una cultura donde la búsqueda de la felicidad se convierte en una obsesión colectiva, nos enfrenta a una paradoja. Aunque la felicidad es un objetivo noble, su búsqueda obsesiva puede llevarnos a negar nuestras emociones legítimas y a sentirnos inadecuados cuando no alcanzamos un estado de dicha permanente. Edgar Cabanas y Eva Illouz (2018) hablan de esta junto con la religión que la acompaña, la del creer en uno mismo. Hay presión para mostrarse felices en todas las fotografías. La persona que se cree feliz produce más, consume más, molesta menos y es más fácilmente sugestionable.

Las ideas que se deben discutir para evitar caer en esta *happycracia* es que:

- La felicidad no es una obligación.
- La felicidad no es un estado permanente sino que dependerá de diferentes factores y a más se persigue, más inalcanzable se vuelve.
- Existen empresas y gurús dedicados a vender promesas de felicidad. Cuidado con eso.
- Esta búsqueda incesante de la felicidad puede desviar la atención de otros problemas.
- La presión por ser felices puede generar culpa y frustración cuando las personas no logran alcanzar los estándares impuestos.
- No tienes que estar feliz todo el tiempo, las emociones negativas son normales y necesarias.

La *Happycracia* denuncia cómo la felicidad se ha convertido en un producto de mercado. Será necesario cuestionar la imposición de la felicidad y adoptar una visión más auténtica y crítica del bienestar. La clave sería enfocarse en el bienestar real y no en la imagen de la felicidad de nadie.

El *optimismo realista* emerge como una alternativa saludable en este panorama. No se trata de ignorar los desafíos y obstáculos de la vida, sino de abordarlos con una actitud positiva y esperanzadora. El optimismo realista reconoce que la vida está llena de altibajos, pero confía en nuestra capacidad para superarlos y crecer a partir de ellos.

Nuestra mentalidad optimista está influenciada por la cultura que nos rodea. Los mensajes en los medios de comunicación, la publicidad y la política pueden alimentar o socavar nuestra capacidad para mantener una perspectiva positiva. Es importante ser conscientes de cómo estos factores influyen en nuestra mentalidad y tomar medidas para proteger nuestra salud mental.

Consejos para Cultivar el Optimismo

Los consejos que se pueden ofrecer para alcanzar esta mirada, serían:

1. Encuentra el lado positivo, enfocándote en las lecciones aprendidas y en las oportunidades de crecimiento en medio de los desafíos.
2. Visualiza tus metas y sueños con detalle, y trabaja hacia ellas con determinación y optimismo.
3. Establece límites con las influencias negativas y busca entornos que fomenten una mentalidad positiva.
4. Aprende a adaptarte y recuperarte de los contratiempos con determinación y optimismo renovado.
5. No trates de ignorar los problemas, reconoce los obstáculos y dificultades de la vida.
6. En lugar de esperar pasivamente que las cosas mejoren, toma decisiones y actúa en base a la realidad.
7. Acepta la incertidumbre, no busques eliminar miedo o tristeza sino el manejarlos de manera constructiva.

El optimismo inteligente propone un equilibro entre ser positivo y ser realista.

En última instancia, cultivar el optimismo en la era de la *happycracia* es un acto de resistencia consciente contra las presiones culturales que nos dicen que debemos ser felices todo el tiempo.

PRIMERAS REACCIONES

El valiente puede luchar,
El cuidadoso puede hacer de centinela, y
El inteligente puede estudiar, analizar y comunicar.
Cada cual es útil.

(Sun Tzu)

Walter Cannon describió las primeras reacciones que tiene el ser humano cuando nos ocurre algo. La reacción de lucha o huida es una respuesta fisiológica frente a una situación amenazante. Son dos formas de actuar contrarias que pueden ir dándose mientras avanza la situación.

Vemos a una persona que es más grande y fuerte que nosotros, que está sumamente enfadada y que quiere agredirnos. Podemos pensar que nos enfrentaremos con uñas y dientes, que lucharemos para que seamos nosotros los que provoquemos un mayor daño. Pero nuestra mente evaluará la situación y probablemente pensará que perderemos la lucha y que tal vez es mejor idea salir corriendo. Seguro que esa es mejor idea, pero nuestras piernas no nos responden en absoluto, no se mueven. Hasta que la persona casi no está frente a nosotros, no reaccionamos y, sin esperarlo, damos una patada y es entonces cuando corremos.

Las reacciones de lucha y huida en los seres humanos se presentan como un fascinante fenómeno biológico digno de estudio y análisis: ante la percepción de amenaza, los humanos experimentan cambios físicos y comportamentales notablemente rápidos y coordinados.

La aparición de una situación de peligro desencadena una respuesta inmediata en los humanos. Al enfrentarse a una amenaza, el sistema nervioso de los humanos activa una serie de cambios fisiológicos para preparar al cuerpo para la acción. Este proceso incluye el aumento de la frecuencia cardíaca, la dilatación de las vías respiratorias para facilitar una mayor oxigenación y la liberación de hormonas del estrés para aumentar la energía y la alerta.

También tienen la opción de huir del peligro, una respuesta igualmente rápida y coordinada. El sistema nervioso activa la movilización rápida, preparando al cuerpo para la evacuación rápida del área de peligro, con cambios similares en la frecuencia cardíaca y la respiración, junto con una mayor tensión muscular en preparación para la acción.

La eficacia y la adaptabilidad de estas respuestas, permiten a los humanos enfrentarse a una amplia gama de amenazas y situaciones peligrosas en su entorno.

Las reacciones de lucha o huida son fundamentales en la supervivencia humana, pues permiten una rápida y eficaz respuesta ante situaciones percibidas como amenazantes. Este mecanismo, controlado por el sistema nervioso autónomo, se activa en cuestión de milisegundos cuando el cerebro detecta una señal de peligro. Una vez activado, el cuerpo experimenta una serie de cambios fisiológicos destinados a aumentar la capacidad de defensa o de escape. Por ejemplo, el corazón bombea más rápido para enviar sangre y oxígeno a los músculos, la respiración se vuelve más rápida para mejorar el suministro de oxígeno, y los sentidos se agudizan para detectar cualquier amenaza potencial. Estas respuestas son instintivas y automáticas, diseñadas para ayudar al individuo a sobrevivir en situaciones de emergencia.

Cuando la persona percibe que puede enfrentar la amenaza, la respuesta de lucha se activa. En este caso, el cuerpo se prepara para luchar, defenderse o enfrentar la situación de manera agresiva. Esta reacción puede ser más evidente en situaciones donde una persona se siente acorralada, atacada o en peligro inminente.

En muchos casos, la respuesta de huida se activa cuando la persona percibe que no tiene oportunidad de vencer la amenaza. Aquí, el cuerpo se prepara para escapar de la situación lo más rápido posible, lo que generalmente incluye la activación de la musculatura para correr o alejarse del peligro.

Sin embargo, en la vida cotidiana, estas respuestas pueden activarse de manera inapropiada o excesiva, lo que puede conducir a niveles crónicamente elevados de estrés y ansiedad. El estrés crónico genera liberación constante de cortisol, lo que está asociado a problemas cardiovasculares, digestivos, emocionales o del sistema inmune, entre otros. Es importante aprender a controlar estas reacciones para mantener un equilibrio emocional y físico. Una estrategia efectiva es el uso de técnicas de relajación, como la respiración profunda y la relajación muscular progresiva, que pueden ayudar a reducir la activación del sistema nervioso simpático y promover un estado de calma y bienestar. Además, el entrenamiento en mindfulness y la práctica de la atención plena pueden ser útiles para cultivar una mayor conciencia de las propias emociones y pensamientos, permitiendo una respuesta más reflexiva y equilibrada frente al estrés. Y también es útil hablar sobre el estrés, es decir, expresar nuestras preocupaciones y buscar apoyo social. Además de algo que nos cuesta mucho como es el parar y darnos permiso para no hacer absolutamente nada. Estas técnicas, cuando se practican de manera regular, pueden ayudar a mejorar la capacidad de afrontamiento y a promover una mejor salud mental y emocional a largo plazo.

Regular la respuesta de lucha o huida no significa eliminarla (porque sigue siendo útil en situaciones de peligro real), sino evitar que se active innecesariamente y aprender a calmarla cuando ya no es necesaria.

Estrategias clave para regular las respuestas de lucha y huida:

- Respiración profunda.
- Ejercicio físico.
- Buen descanso.
- Relajación muscular.

Cuanto más practiques estas técnicas, más fácil será recuperar la calma cuando te enfrentes a situaciones estresantes y, un masaje nunca hizo mal a nadie!

QUÍMICA DE LAS EMOCIONES

Pensé en la implacable máquina procesadora de pensamientos y
Devoradora de almas que es mi cerebro,
y me pregunté cómo diablos iba a llegar a dominarla.
Entonces recordé esa línea de tiburón y no pude evitar sonreír:
Vamos a necesitar un barco más grande.
(Elizabeth Gilbert)

El cerebro tiene una serie de estructuras que a su vez están formadas por elementos más pequeños como son las neuronas. Las neuronas tienen pie de pulpo y cabeza de estrellas, conectándose ambas con una larga tira de mielina. Son ingeniosas porque por los pies reciben un impulso eléctrico que se transforma para llegar a la cabeza en forma de sustancia y por las diferentes púas de la estrella traspasan esas sustancias hacia la compañera de al lado, a la que estas hacen activar y así una tras otra. Tenemos unos mil millones de neuronas que se van conectando una tras otra. Además de neuronas, las hormonas también tienen mucho que ver en este capítulo. Las hormonas son sustancias químicas con una acción especializada que media entre órganos y tejidos y otras células.

Exploraremos que ocurre químicamente tras cada emoción.

La felicidad activa a las hormonas, concretamente las endorfinas, que producen un efecto similar al de los opiáceos, nos quitan el dolor y nos hacen sentir mejor.

La alegría se da por la actuación de las endorfinas, a la vez que la dopamina. La dopamina también se asocia al sistema del refuerzo que se activan cuando consumimos drogas. De hecho, cuando tenemos poca dopamina en el cuerpo, tenemos pocas ganas de relaciones. Relacionarnos favorece el que nos sintamos contentos (aumentando la dopamina).

El amor es una emoción compleja que activa diferentes sustancias en determinados momentos. Cuando hay fijación y atracción por una persona, se activan la feniletilamina (da sensación de felicidad y confianza personal), la noradrenalina (que es estimulante y nos acelera), la adrenalina (nos hará tener manos sudorosas, latidos acelerados y la boca seca), la dopamina (felicidad y sensación de apego) y la serotonina (bienestar y buen estado de ánimo). Cuando vamos quedando más a menudo y construyendo una relación, se activan la oxitocina (que produce apego hacia la otra persona), vasopresina (hace evolucionar la pasión hacia el sosiego) y las endorfinas (nos hacen sentir cómodos). Cuan complejo es el amor, químicamente hablando.

La ira estaría producida por bajos niveles de serotonina, que nos ayuda a controlarnos, y también implica a los lóbulos frontales. Un golpe mal dado en la parte delantera de la cabeza afectaría a este respecto.

El miedo se produce por un batido de tres neurotransmisores, como son la dopamina, la serotonina y la noradrenalina, además de la adrenalina que nos hará correr si debemos huir del peligro.

La tristeza se dará porque bajará la producción de noradrenalina y serotonina en el cerebro. Y no sólo tristeza, sino que esta se acompañará de fatiga mental.

Cada una de las sustancias químicas se pueden activar a partir de diferentes acciones. Los químicos de la felicidad son la dopamina, la oxitocina, la serotonina y la endorfina.

Los 4 neurotransmisores clave de la felicidad y cómo activarlos

1. Dopamina: La molécula de la recompensa

La dopamina está relacionada con la motivación, el placer y la sensación de logro. Se libera cuando alcanzamos una meta o experimentamos algo placentero.

Cómo activarla:

- Establece metas pequeñas y alcánzalas → Sentirás una dosis de satisfacción cada vez que completes algo.
- Aprende cosas nuevas → Leer, tocar un instrumento o resolver acertijos estimula la dopamina.
- Cuida tu alimentación → Comer alimentos ricos en tirosina (aguacate, plátanos, almendras, huevos) favorece su producción.
- Haz ejercicio → Actividades como correr o levantar pesas generan dopamina.

2. Serotonina: La hormona del bienestar

La serotonina regula el estado de ánimo, el sueño y la sensación de calma. Bajos niveles pueden provocar ansiedad y depresión.

Cómo activarla:

- Exposición al sol → Al menos 10-15 minutos al día mejoran la producción de serotonina.
- Ejercicio aeróbico → Correr, nadar o bailar elevan los niveles de serotonina.
- Alimentación rica en triptófano → Chocolate negro, nueces, pavo, plátanos y legumbres ayudan a producir serotonina.
- Prácticas de gratitud → Reflexionar sobre lo bueno en tu vida genera un impacto positivo en la serotonina.

3. Oxitocina: La hormona del amor y la conexión

Conocida como la "hormona del apego", la oxitocina fortalece los lazos afectivos y genera confianza.

Cómo activarla:

- Abrazos y contacto físico → Abrazar a alguien por más de 20 segundos libera oxitocina.
- Pasar tiempo con seres queridos → Conversaciones profundas y conexión emocional aumentan esta hormona.
- Actos de bondad → Ayudar a otros o hacer regalos genera oxitocina.
- Tener una mascota → Jugar con animales de compañía incrementa los niveles de oxitocina.

4. Endorfinas: Las analgésicas naturales

Las endorfinas reducen el dolor y generan una sensación de euforia. Son liberadas en situaciones de esfuerzo físico o placer.

Cómo activarla:

- Ejercicio intenso → El famoso *runner's high* (subidón del corredor) es una explosión de endorfinas.
- Ríe mucho → Ver comedias o pasar tiempo con personas divertidas ayuda a liberar endorfinas.
- Chocolate negro → Contiene compuestos que estimulan la producción de endorfinas.
- Baños de agua caliente → Relajan el cuerpo y aumentan las endorfinas.

Bonus: Actividades que potencian varias "moléculas de la felicidad" al mismo tiempo:

- Bailar con amigos → Dopamina + endorfinas + oxitocina.
- Meditación y respiración profunda → Serotonina + oxitocina.
- Escuchar música que te gusta → Dopamina + endorfinas.
- Hacer voluntariado o ayudar a alguien → Oxitocina + serotonina.
- Comer algo delicioso con moderación → Dopamina + endorfinas.

Activar las neuronas de la felicidad no requiere magia ni recetas complicadas. Todo está en hábitos sencillos como hacer ejercicio, reír, abrazar, disfrutar del sol y celebrar pequeños logros.

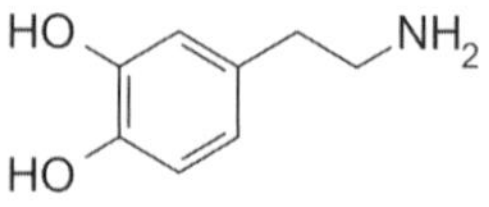

Dopamina

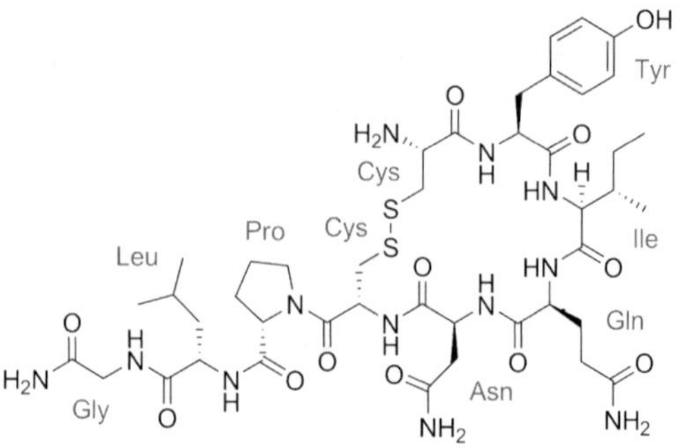

Oxitocina

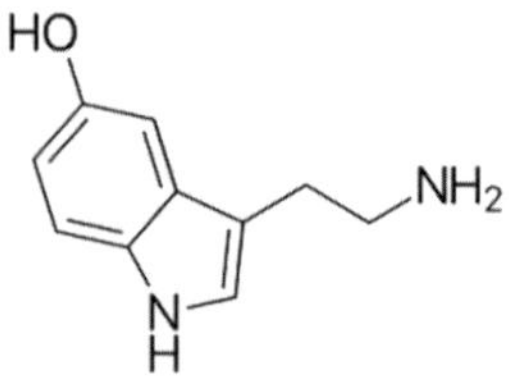

Serotonina

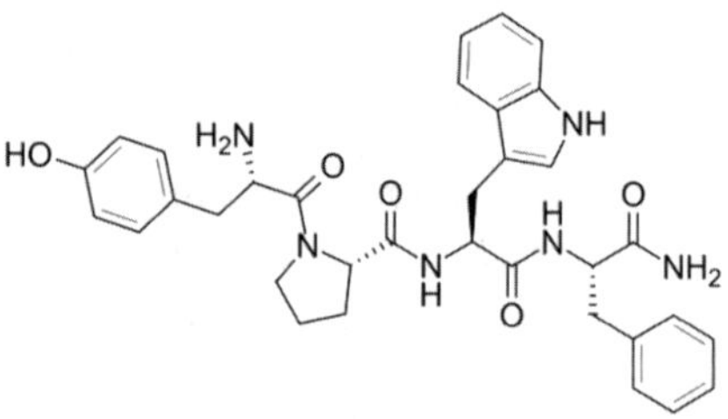

Endorfina

RACIONALIDAD

El corazón tiene razones que la razón ignora.

(Blaise Pascal)

Platón afirmaba que el alma tiene tres áreas separadas, el pensamiento, la emoción y la motivación. La metáfora que utilizaba era la del auriga tirada por dos caballos, donde el auriga sería la racionalidad y por delante de esta un caballo bueno (el de las emociones) y uno malo (el de los instintos y vicios). La racionalidad manda a medias pues no deja ser tirada por los dos caballos, por lo que cada parte tendría una responsabilidad en lo que se acaba haciendo.

Aristóteles en su *Retórica* decía que primero pensamos y luego sentimos. Pone el ejemplo de que pensamos en una ofensa y por ello nos sentimos dolidos y con deseos de venganza. Sería una ecuación en la que reina un orden: primero se da un hecho, luego interpretamos el hecho y de la suma de ambos, surge la emoción.

El racionalismo entiende que la razón define al ser humano y las emociones un papel secundario, casi irrelevante. Este hecho diferencia a animales de seres humano. Así, la mente es la que manda y si surgen determinados instintos y emociones, esta los controlará y aplacará.

Corazón y cabeza, otra forma de verlo. La cabeza se topa con el corazón y en eso que aplica explicaciones lógicas para entender cómo deberían ser las cosas, cómo actuar y cómo sentir. No necesita ninguna ayuda en absoluto del corazón pues funciona de forma absolutamente autónoma.

Imagina un barco navegando en alta mar, donde las aguas tranquilas representan los momentos de calma y serenidad en la vida. En este escenario, la cabeza del capitán del barco actúa como el faro que guía con lógica y racionalidad, trazando cuidadosamente la ruta a seguir hacia el horizonte. Mientras tanto, el corazón, como el timón del barco, responde a las corrientes emocionales, ajustando el curso según los vaivenes del estado de ánimo y los deseos internos.

La discrepancia entre la cabeza y el corazón se hace evidente cuando el capitán y el timón entran en conflicto sobre la mejor manera de enfrentar la tormenta. Mientras la cabeza busca la estabilidad y la seguridad, el corazón anhela la libertad y la expresión emocional. En esta lucha interna, el barco puede verse sacudido por las fuerzas opuestas, con la incertidumbre y la confusión reinando en la cubierta.

Sin embargo, a pesar de las adversidades, el capitán y el timón saben que deben encontrar un equilibrio entre la razón y la emoción para sobrevivir a la tormenta. A medida que el barco avanza entre las olas tumultuosas, el capitán aprende a escuchar la voz del corazón y el timón se ajusta para seguir un curso que honre tanto la cabeza como el corazón. En este proceso de reconciliación, el barco encuentra su camino a través de la tormenta hacia aguas más tranquilas, demostrando que, aunque la discrepancia entre la cabeza y el corazón pueda ser desafiante, también puede ser una oportunidad para el crecimiento y la superación personal.

La versión de la separación o la supremacía de la mente frente a las emociones es errónea. Las emociones tiñen las decisiones y el pensamiento en general, por su propio funcionamiento y anatomía. La solución a este debate es plantear un equilibrio y un diálogo entre mente y emoción. Para que se pueda producir este diálogo hay que ofrecer un espacio para poder hablar y escuchar que quiere decir cada una de las partes. Ambos mensajes deben considerarse igual de importantes.

Al gestionar la discrepancia entre la mente y el corazón, es fundamental cultivar la autoconciencia. Esto implica dedicar tiempo a sintonizar con nuestras emociones y pensamientos internos, permitiéndonos identificar cuándo surge el conflicto entre la razón y la emoción. Al reconocer y comprender nuestras propias experiencias internas, podemos abordar de manera más efectiva los desafíos que se presentan cuando la cabeza y el corazón entran en desacuerdo.

Una vez que somos conscientes del conflicto interno, es importante practicar la habilidad de escuchar ambas partes. Tanto la mente como el corazón tienen sus propias perspectivas y preocupaciones, y es esencial honrar y valorar ambas sin prejuicios. Al abrirnos a las diferentes voces internas, podemos ganar una comprensión más completa de nuestras motivaciones y necesidades, allanando el camino para una toma de decisiones más equilibrada y auténtica.

Buscar el equilibrio entre la razón y la emoción es otro aspecto clave en la gestión de la discrepancia mente-corazón. Hay que reconocer que ambas son partes intrínsecas de nuestra experiencia humana nos permite integrar sus influencias de manera armoniosa. Al encontrar un punto medio entre la lógica y la pasión, podemos tomar decisiones más alineadas con nuestras verdaderas necesidades y valores, promoviendo así un mayor bienestar emocional y satisfacción personal.

La práctica de la toma de decisiones consciente es una herramienta invaluable en el manejo de la discrepancia entre la mente y el corazón. Al enfrentarnos a elecciones difíciles, dedicar tiempo a reflexionar y evaluar nuestras opciones nos permite considerar cuidadosamente los aspectos racionales y emocionales de cada situación. Al tomar decisiones desde un lugar de mayor conciencia y deliberación, podemos sentirnos más seguros y confiados en nuestros juicios, sabiendo que hemos considerado todos los aspectos pertinentes antes de actuar.

La relación entre la racionalidad y las emociones no es una cuestión de o uno o el otro. Ambas dimensiones son esenciales para nuestra experiencia humana.

Al integrar la razón y la emoción, podemos encontrar el equilibrio que nos permite navegar con confianza por las aguas de la vida, llevándonos hacia un destino de autenticidad y plenitud.

Es fundamental fomentar **un debate entre lo que pensamos y lo que sentimos**, ya que a menudo nuestras emociones pueden distorsionar o influir en nuestras percepciones y pensamientos de manera automática, sin que seamos plenamente conscientes de ello. Crear un espacio para reflexionar sobre nuestras emociones y contrastarlas con nuestros pensamientos permite tomar decisiones más equilibradas y racionales. Este proceso de análisis nos ayuda a identificar si estamos reaccionando desde un lugar impulsivo o si realmente estamos evaluando una situación de forma objetiva. El diálogo entre lo emocional y lo cognitivo no solo fortalece nuestra autocomprensión, sino que también nos brinda herramientas para gestionar nuestras reacciones, favoreciendo un bienestar emocional más saludable y una mayor coherencia interna.

Aquí un concepto interesante es el de **responsabilidad afectiva**, el cual implica adquirir un compromiso de cuidar y ser conscientes de nuestras emociones y las de los demás. Nuestra racionalidad, al permitirnos reflexionar sobre las consecuencias de nuestras acciones y reconocer las emociones de los demás, puede ser clave para adquirir responsabilidad afectiva, ya que nos facilita tomar decisiones más conscientes, comunicar nuestras necesidades de manera clara y respetuosa, y actuar con empatía para evitar dañar emocionalmente a quienes nos rodean.

SOMATIZACIONES

El cuerpo primero susurra,
luego habla y después grita.

(Laura Nasi)

Cuando no se escuchan, las emociones tiran millas y avanzan. Se sitúan en el cuerpo de tal manera que lo van perjudicando. El malestar psicológico puede quedar expuesto en nuestro cuerpo, como las emociones se reflejaban en la cara.

Una persona sufre un maltrato que no logra comprender e integrar en su mente y que le ha supuesto un dolor significativo. Lo deja en un lugar escondido, no lo habla con nadie e intenta olvidar. Ese dolor se transformará en síntomas para los que acudirá al doctor de cabecera en búsqueda de un remedio farmacéutico. Se toma una pastilla y se olvida del dolor. Pero resulta que este dolor se junta con otros síntomas y empieza a pensar que tiene una enfermedad. Vuelve y el profesional le dice que podría ser una cosa u otra y explora, hace más pruebas implica otros médicos de la casa. No logran descubrir nada. No hay enfermedad alguna tras las pruebas, pero los síntomas se mantienen y la persona sigue sintiéndose mal. Los médicos en su gran afán de investigar y curar, siguen explorando, pero van perdiendo la fe de que se trate de alguna enfermedad definida. En ese momento deciden llamar a otros compañeros o compañeras de otras salas, profesionales dedicados a la salud mental y se sinceran, no saben que es y probablemente el origen sea psíquico. Como mínimo, pueden poner un nombre TSS (trastorno de síntomas somáticos).

Al final es un grito elevado que hace nuestro cuerpo para que pongamos atención en lo que ocurre y hagamos cambios. Se dice que "el cuerpo habla lo que la mente calla". Normalmente, ¿qué nos dice? Mediante dolores de cabeza, migraña, tensión, dolor muscular o de espalda, nos habla de demasiadas preocupaciones. Las molestias digestivas, náuseas e incluso vómitos, situaciones que nos son difíciles de tragar. Problemas respiratorios, insomnio, cansancio y falta de ganas de hacer cosas, que un cambio es necesario o no podremos avanzar. El mensaje es claro, el problema que tenemos es que no escuchamos.

Las somatizaciones son una manifestación física de los problemas emocionales y psicológicos. Este fenómeno ocurre cuando una persona experimenta síntomas físicos, como dolor o malestar, que no tienen una causa médica identificable o cuya raíz está vinculada a un conflicto emocional no resuelto. Existen una serie de somatizaciones comunes, como:

- Dolores musculares o articulares: Los músculos y las articulaciones pueden tensarse o doler como resultado de emociones acumuladas como la ansiedad o la ira.
- Dolores de cabeza: Las cefaleas tensionales son comunes en personas que están sometidas a altos niveles de estrés, ya que la tensión muscular en el cuello y la cabeza puede producir dolor.
- Trastornos gastrointestinales: El estrés y la ansiedad pueden afectar el sistema digestivo, provocando síntomas como náuseas, diarrea, estreñimiento o dolor abdominal.
- Fatiga crónica: La falta de energía puede ser el resultado de emociones como la depresión o el estrés, que afectan el sueño y el bienestar general.

- Problemas respiratorios: La ansiedad o el pánico pueden inducir dificultades para respirar, como la sensación de ahogo o la respiración superficial.
- Problemas dermatológicos: El estrés o las emociones no procesadas pueden generar afecciones en la piel, como erupciones, psoriasis o acné.

Las somatizaciones pueden explicarse por la forma en que las emociones impactan el cuerpo a nivel biológico. Se puede hablar de emociones no expresadas, aquellas que no compartimos, ni mostramos y que llegan a ser perjudiciales, tanto a nivel psicológico, como físico. De hecho, estudios recientes revelan una correlación entre haber padecido un trauma psicológico y el desarrollo de una enfermedad llamada endometriosis. Esta es una enfermedad ginecológica que afecta a una de cada diez mujeres generando un tejido similar al del endometrio fuera del útero. Establecer correlatos entre lo psicológico y lo físico es complicado debido a la interacción compleja entre mente y cuerpo, donde influyen factores emocionales, biológicos y ambientales. Sin embargo, a pesar de las dificultades, existe la convicción de que tales correlatos existen y que, conforme avance la investigación, se irán comprendiendo con mayor claridad.

El primer paso crucial hacia la curación de las somatizaciones implica **la identificación y comprensión de sus orígenes**. En ausencia de una explicación médica clara para los síntomas físicos, se vuelve fundamental explorar en profundidad los aspectos emocionales, cognitivos y situacionales que podrían estar contribuyendo a la manifestación de dichos síntomas. Esto implica indagar en los sentimientos subyacentes, las creencias arraigadas y las experiencias pasadas que puedan estar desencadenando o exacerbando las somatizaciones.

Al desviar la atención de los síntomas físicos hacia una reflexión interna sobre el propio bienestar emocional y mental, se abre la puerta para **identificar qué aspectos de la vida requieren cambios** o ajustes para mejorar la calidad de vida. Este enfoque integral no solo busca aliviar los síntomas físicos, sino también promover un bienestar general y duradero en todos los aspectos de la vida del individuo.

Además de las situaciones de nuestras vidas que requieren cambios, se trata de **localizar estas emociones no expresada**s. Estas emociones son aquellas que sentimos pero no compartimos ni mostramos, ya sea por temor, incomodidad o desconocimiento de cómo gestionarlas.

Así, hay tres tareas a realizar cuando las emociones se sitúan en el cuerpo, como son:

a. Tratar de comprender que ha ocurrido en nuestra vida y cómo relacionar emoción con cuerpo (origen).
b. Reconocer los aspectos de la vida que deberían cambiar (cambios en el estilo de vida).
c. Localizar aquellas emociones que aún duelen y generan malestar.

Las preguntas que se deberían hacer serían: ¿Qué parte de mi vida está "hablando" a través de este síntoma? ¿Qué estoy evitando enfrentar?

En resumen, trabajar con las somatizaciones implica escuchar al cuerpo, en lugar de silenciarlo y tratar de encontrar la relación entre emoción y cuerpo.

TOXICIDAD

Nuestras emociones están ahí para ser sentidas,
pero no para dominar nuestra vida,
ni cegar nuestra visión, ni robar nuestro futuro,
ni apagar nuestra energía,
porque, al momento de hacerlo, se volverán tóxicas.

(Bernardo Stamateas)

Los seres humanos tenemos *kleshas* (concepto budista), emociones negativas que nos perturban. Aunque todas las emociones vienen con un propósito, la permanencia de estas aumenta nuestro sufrimiento inevitable y lo transforma en un dolor que podríamos regular.

Las emociones tóxicas producen nihilismo, ignorancia y materialismo. Nos infunden el estar sólo preocupados por nosotros, sin tener en cuenta las cosas o seres que nos rodean. Nos hacen pensar que lo sabemos todo y somos lo máximo, el centro del universo. Nos hacen creer que lo más importante es lo que tengamos, más que el cómo seamos y lo que hagamos. ¡Cuánta estupidez nos rodea!

Conozcamos los líquidos tóxicos que inundan en ocasiones nuestro cerebro y que sería importante detectar y pasar a una desinfección total. La primera es el odio que proviene de lo más profundo de nuestras vísceras y se suele juntar con la rabia, el asco y otros sesgos culturales y educativos. Es una mezcla de emoción y pensamiento que se sitúa en el estómago y que nos parece que no podamos dejar de lado pues es muy profundo. El enfado sería otro tóxico que responde a necesidades que no se han cumplido o injusticias. Es bueno poder reivindicar frente a las injusticias. El problema estaría en estar dominado por el ego, por ideas irracionales, y llevar todo esto al extremo. La frustración viene cuando las cosas no salen como querríamos. Como cuando éramos niños y niñas y hacíamos rabietas. La frustración sería una versión madura de esto. Los celos nos hacen desear lo que tienen otras personas. Refleja nuestra inmadurez pues otra persona tendrá algo que deseamos y nosotros tendremos a su vez cosas deseables. El orgullo nos hace patinar muchísimo en las relaciones sociales. Nosotros tenemos la razón siempre y los demás deberían alabarnos por ello. Y no vamos a cambiar de opinión. La culpa cuando se vuelve virulenta cuando nos ataca, cuando nos carga con extras de responsabilidad. El miedo también puede tornarse venenoso si nos paraliza y nos hace evitar situaciones por las que tendríamos que pasar.

Si las juntamos todas podemos generar una nueva emoción: la insatisfacción crónica. Esta tiene un sobrenombre literario precioso que es el de *síndrome de Madame Bovary* el cual supone no quedarse satisfecho con nada. Puedo tener trabajo, casa, familia, dinero, etc., y aun así, sentir un vacío existencial enorme. Estamos en una sociedad que lo fomenta, así que puede ser que en algún momento lo sintamos.

Por último, la ansiedad puede ocupar un espacio que no nos deje avanzar, que nos haga pensar que debemos controlarlo todo en un mundo absolutamente incierto. La ansiedad nos lleva a remar contracorriente y sentirnos en todo momento amenazados por sombras y en el peor de los casos, por nuestro máximo enemigo, nosotros mismos.

Nuestro cerebro tiene esta amalgama de emociones destructivas.

La toxicidad emocional se refiere a la presencia o influencia de emociones negativas intensas y persistentes que afectan nuestro bienestar físico y psicológico de manera perjudicial. Cuando estas emociones se acumulan o se gestionan de manera inapropiada, pueden tener efectos destructivos no solo sobre la salud mental, sino también sobre las relaciones interpersonales, la autoestima y, en última instancia, la calidad de vida.

Bernardo Stamateas (2012) publicó un libro denominado *Emociones Tóxicas* en las que añadió esta connotación químico- biológica a las emociones. Pero no fue el primero, el budismo ya hablaba de esas emociones que nos perjudican gravemente. De hecho, es más acertado hablar de emociones destructivas, pues no aluden sólo a la biología y, por tanto, al hecho que estas afectan al cuerpo, sino que afectan a todo, cuerpo y psique. Por ello, Goleman (2003) utilizaba este concepto budista de emociones destructivas en su diálogo con el Dalai Lama. Estos ofrecieron cuatro antídotos para las emociones destructivas:

- Primer antídoto. El amor bondadoso (*maitri; byams pa*)
- Segundo antídoto. La compasión (*karuna; snying rje*)
- Tercer antídoto. La alegría empática (*mudita; dga'ba*)
- Cuarto antídoto. La humildad (*upeksha; btang snyom*)

Se recomienda tomar una dosis cada día de alguno de los antídotos. Así, se puede elegir entre tratar de potenciar situaciones en la que sintamos amor, por ejemplo, hacia cosas bellas; hacer algo por los demás; buscar situaciones en las que nos pongamos contentos y si lo compartimos, mejor y, sentir lo pequeños que somos, como motas de polvo en un universo.

UNIVERSALIDAD

Todos somos tontos enamorados.

(Jane Austen)

Se murió mi padre. Sentí una pena y aflicción inmensos. Tenía la sensación de que no podía estar ocurriendo desde que el médico me dijo que no saldría del hospital esa navidad, que ya no saldría más del hospital. Me sobrevino una pena tan grande que cuando estaba a solas, lloraba desconsoladamente, hasta a veces gritaba de la impotencia. Se fue el veinticinco de diciembre del dos mil diecisiete. Le había dado la mano y me había despedido horas antes pues no quería que nadie se quedara a tu lado a dormir esa noche, y en silencio y soledad, te fuiste. Lo decidiste tú tras dos años de cruel enfermedad. Y siguió el vacío durante mucho tiempo, y los recuerdos de esos meses. Poco a poco afloraron recuerdos preciosos y con ellos, el volverte a echar de menos. Pensar en todo lo que te ibas perdiendo. Ya no podías ver a tu nieta crecer, adorar la lectura y la lengua de la misma manera en que tú lo hacías. Y nuevamente, la tristeza al recordarte.

Falleció mi padre. Si me pongo a llorar, haré que las personas que vienen a la despedida se sientan mal. Me guardo mis sentimientos, los cuales son de absoluto dolor, para el *honne*. Tengo que controlarme y en público respetar el *tatemae*. Podremos sal sobre la ropa antes de entrar y le haremos ofrendas durante cuarenta y nueve días. Le traeré las más bonitas flores, en su honor. Me mostraré calmada, con rostro serio nada más.

Pereció mi padre. Me preparó para el *haka*. Me siento triste, pero debo vestirme para hacer el *Ka Mate*. Es bonito poder celebrar la vida de mi padre, un guerrero de la vida. Su alma ascenderá hacia la luz del sol (*ra Whiti te*). Me pondré en la fila de detrás pues los guerreros van delante.

La tristeza en un duelo será un aspecto común. El cómo se expresa y se acompaña a esta, será lo que variará de una cultura a otra. Christophe André (2010), psiquiatra y estudioso de las emociones propuso las características básicas que tienen las emociones, una de las cuales es la universalidad. Así, todas las personas tenemos las mismas emociones, en cualquier lugar del mundo, la única diferencia es su expresión, pues esta se matiza socialmente. Cuando debemos llorar o cuando no, nos lo dicen en casa y en la escuela y así lo aprendemos, pero las formas igualmente son similares, en el cuerpo y la cara.

La universalidad de las emociones no solo nos conecta como seres humanos, sino que también permite la creación de un lenguaje emocional común que trasciende la cultura, el tiempo y el espacio. Nos recuerda que, aunque cada persona tenga experiencias y contextos únicos, todos compartimos un mismo repertorio emocional. Esto ofrece una oportunidad para desarrollar empatía y practicar la compasión, para conectar con los demás, en definitiva.

VIDA EMOCIONAL

La vida emocional es un viaje complejo y multifacético que atraviesa diferentes etapas, desafíos y reflexiones a lo largo de nuestro ciclo vital. En este capítulo, exploraremos tres aspectos fundamentales de la vida emocional: la evolución de las emociones por edad, los reproches que nos hacemos al final de la vida y la importancia de la línea base emocional.

Desde que nacemos hasta que llegamos a la vejez, nuestras emociones experimentan una evolución significativa.

En la infancia, las emociones suelen ser intensas y fluctuantes, influenciadas por la exploración del mundo que nos rodea y la dependencia de los cuidadores. Los niños experimentan emociones básicas como alegría, tristeza, miedo y enojo, aprendiendo gradualmente a reconocer y regular sus sentimientos.

Durante la adolescencia, las emociones pueden volverse más turbulentas debido a los cambios hormonales, la búsqueda de identidad y la presión social. Los adolescentes pueden experimentar emociones intensas y conflictivas, desde la euforia hasta la angustia, mientras navegan por las complejidades de la transición a la edad adulta.

En la adultez, las emociones tienden a estabilizarse en cierta medida, aunque siguen siendo influenciadas por factores como el trabajo, las relaciones interpersonales, la crianza de los hijos y las responsabilidades financieras. Se pueden experimentar emociones como el amor, la satisfacción laboral, la ansiedad por el futuro y el estrés.

Finalmente, en la vejez, las emociones pueden fluctuar nuevamente a medida que enfrentamos la jubilación, la pérdida de seres queridos y los desafíos relacionados con la salud. Sin embargo, muchas personas encuentran una mayor serenidad y sabiduría emocional a medida que reflexionan sobre sus experiencias de vida y prioridades cambiantes.

Al acercarnos al final de nuestras vidas, es natural reflexionar sobre nuestras elecciones, relaciones y logros. Muchas personas experimentan lo que se conoce como "reproches al final de la vida", momentos de arrepentimiento o insatisfacción con ciertos aspectos de sus vidas. Estos reproches pueden variar ampliamente de una persona a otra, pero a menudo incluyen:

- No haber pasado suficiente tiempo con seres queridos.
- No haber tomado riesgos para perseguir nuestros sueños.
- Haber permitido que el miedo o la indecisión nos impidieran tomar decisiones importantes.
- No haber expresado suficientemente amor y aprecio hacia los demás.
- Haber dejado que el trabajo o las preocupaciones materiales dominen nuestras vidas en detrimento de la felicidad y el bienestar emocional.

Reconocer y abordar estos reproches puede ser un paso importante hacia la reconciliación emocional y la búsqueda de la paz interior al final de la vida.

La vida emocional es un viaje único y personal, lleno de altibajos y oportunidades de crecimiento. Al explorar nuestras emociones a lo largo de las diferentes etapas de la vida, podemos aprender a navegar por los desafíos con mayor resiliencia y disfrutar de una vida más plena y satisfactoria.

Exploremos a continuación esa vida emocional por etapas a modo de esquema:

1. Infancia (0-5 años)
   - Emociones básicas como miedo, alegría, tristeza y enojo.
   - Desarrollo de la dependencia emocional hacia los cuidadores.
   - El cerebro aún está en desarrollo, lo que influye en las respuestas emocionales automáticas.

Recomendación:

- Fomentar la seguridad emocional: Brindar un ambiente de afecto y consistencia, ya que esto ayuda a la regulación emocional en el futuro.
- Validar las emociones de los niños, incluso cuando no puedan expresarlas verbalmente. Esto les ayuda a comprender sus emociones desde pequeños.

2. Adolescencia (12-18 años)
   - Emociones más intensas y cambiantes debido a los cambios hormonales y la búsqueda de identidad.
   - Mayor deseo de independencia y relaciones sociales más complejas.
   - Inestabilidad emocional y mayor dificultad para gestionar las emociones.

Recomendación:

- Fomentar la comunicación abierta: Es importante que los adolescentes se sientan escuchados y comprendidos sin juicio.
- Ayudar a desarrollar habilidades de regulación emocional a través de técnicas como la respiración profunda o la meditación.

3. Adultez (18-65 años)
    - Las emociones se estabilizan y se vuelven más complejas debido a las responsabilidades (trabajo, familia, relaciones). Capacidad mejorada para gestionar emociones debido a la experiencia y la madurez.
    - Aumento del estrés por las demandas laborales, familiares y sociales.

Recomendación:

- Fomentar la inteligencia emocional: Ser consciente de las emociones, nombrarlas y entender sus causas ayuda a gestionar mejor las reacciones.
- Buscar apoyo social y tener tiempo para actividades que reduzcan el estrés (ejercicio, hobbies, descanso).

4. Tercera Edad (65+ años)
    - Mayor aceptación emocional de sí mismo y de las situaciones de la vida debido a la experiencia.
    - Enfrentamiento con pérdidas personales (pareja, amigos, salud) que puede generar tristeza, miedo o soledad.
    - Posible disminución de la capacidad para regular emociones debido a la fragilidad emocional.

Recomendación:

- Fomentar la resiliencia y el apoyo emocional continuo de amigos y familiares.
- Practicar la gratitud y la reflexión sobre las experiencias positivas pasadas, lo que ayuda a mantener un bienestar emocional.
- Cuidar la salud física y emocional para evitar el estrés crónico y la depresión, fundamentales para el bienestar en la vejez.

Cada etapa de la vida presenta sus propios desafíos emocionales, pero también oportunidades para el crecimiento y la adaptación emocional. Reconocer las características emocionales de cada etapa y aplicar estrategias adecuadas puede contribuir al bienestar emocional a lo largo de toda la vida.

WALL

Todo lo que te molesta de otros seres,
es solo una proyección de lo que no has resuelto de ti mismo.

(Siddharta Gaurama Buda)

The Wall, undécimo álbum de estudio de la banda británica Pink Floyd se publicó en 1979. Roger Waters decía que la estrella que se retrata en el álbum, Pink, reprimía todo lo que sentía debido a los traumas vividos en la infancia. Describía sus traumas de la infancia: la muerte de su padre, la sobreprotección ejercida por su madre, la opresión de una dura y rígida educación, los fracasos sentimentales, el consumo de drogas y la presión de la fama. Seguramente, nada más cercano de la realidad de sus creadores.

Construimos un muro alrededor de aquellas circunstancias que no podemos integrar, por demasiado complejas o por excesivamente intensas (o ambas). El cerebro es tan inmenso que logra camuflar aquello que nos hace daño detrás de esta pared e incluso nos infunde cierto miedo a mirar detrás de la pared, haciéndonos creer que si lo hacemos repetiremos situaciones y sentimientos.

Antes que Pink Floyd, Sigmund Freud, en 1923 habló de los mecanismos de defensa que nos ayudan a reprimir algo que resulta intolerable para nuestro yo. Él planteaba que había tres fuentes que debíamos reprimir, como: la realidad, la libido y las estrictas medidas del superyó. La realidad puede llevar a situaciones que nuestra mente no llegue a entender. Un robo, un abuso, una pérdida son ejemplos de situaciones que se pueden querer olvidar. La libido comprende los instintos sexuales, aquello hacia lo que se siente deseo y se sabe que muchos de nuestros deseos son inconfesables. Así, la mente hace una especie de pacto en el que nos dice que lo que pasa en nuestra mente, en nuestra mente se queda. Por si no fuera poco, tenemos un padre que nos indica cómo debemos actuar y a veces es este nuestro peor enemigo. Este superyó tiene el objetivo de guiarnos por el buen camino, pero en ocasiones se pasa de directivo y enjuiciador. Esta voz interior se acaba transformando en nuestro peor enemigo, un saboteador interior. Por estas tres razones que acaban amenazando la integridad del yo se generan los mecanismos de defensa.

Los mecanismos de defensa son procesos psíquicos inconscientes que tratan de regular estados emocionales que nos superan. Ayudan a regular estas emociones desagradables, a la vez que hacen olvidar ciertas ideas, desplazándolas de nuestra consciencia. Son procesos automáticos, no se pueden controlar y lo peor, no son estados fijos, sino intercambiables y condicionantes de nuestra realidad. Poner una pared frente a ciertos hechos cuesta, cuesta de construir y por ello, cuesta de superar.

El primer paso que encontró Freud para tratar estas paredes es el poder visualizarlas, ser conscientes de su existencia, sin miedo. Poder ver la pared y lo que se esconde detrás, aunque desagradable, ayuda a crecer. Por ello, dedicó su vida al análisis de lo que se escondía tras las palabras, los lapsus, los sueños y principalmente, estos mecanismos de defensa. Para él eran su faro para poder avanzar. Por tanto, hay que conocer los tipos de paredes que se pueden construir, como son:

- La represión, es el mecanismo mediante el cual se guardan determinadas imágenes, pensamientos o recuerdos en el inconsciente. Se produce una separación entre estos y la conciencia, con lo cual no se suele pensar en ello, pero se podría recordar si hubiera un cierto esfuerzo.
- La negación, es el mecanismo a partir del cual la mente decide que eso (sea lo que sea) no nos pertenece y, por tanto, sería como dejar fuera de una habitación ciertos recuerdos. Al dejarlos fuera, son más difíciles de recuperar.
- La proyección, es aquel mecanismo en el que el sujeto decide que lo que ocurre no le pertenece y lo sitúa en otra persona. Eres tú quien tiene el problema y no yo. Es un recurso fácil y habitual en ciertas personas que jamás tienen problemas, son los otros los que los producen.
- La introyección, sería un proceso contrario al anterior, en el cual se recogen aspectos de fuera y se sitúan en el interior. Sería un símil a si tú has pasado por esto, yo como tu o peor. También podría ser recoger pensamientos o ideas de otros y quedárselos para sí.
- La conversión, ocurre cuando el cuerpo le pone voz a lo que ocurre, siendo este el portavoz. Se padecen dolencias que no tienen explicación médica. Se transforman los males psíquicos a físicos y es tan fuerte que pueden producir cuadros médicos compatibles con graves enfermedades.
- La transferencia, es cuando se hace una interpretación del conflicto interno y se generan nuevas representaciones más tolerables. Por ejemplo, se puede interpretar un abuso como un ejemplo de amor que se pudiera transformar en una fobia a las relaciones.
- La regresión, es el proceso mediante el cual recuperamos antiguas formas de funcionar. Algo que ya se tenía superado, vuelve a aparecer. Podemos volver a modernos las uñas o buscar

consuelo chupándonos el dedo. Cosa que hacíamos de pequeños, que aprendimos a controlar y que vuelven…

- La racionalización, es una muy buena estrategias de nuestro cerebro racional que trata de buscar explicaciones para todo. Cuando hay duda, se busca o inventa una explicación y podemos llegar a justificarlo todo.
- La sublimación sería cuando se reprime la libido y nuestro deseo sexual y se expresa a través de otros medios, como arte o música.

Consideremos un privilegio el que nuestro cerebro nos defienda de amenazas ajenas, pero tratemos de buscar la manera de avanzar un escalón más en la escalera del autoconocimiento y la madurez.

Los mecanismos de defensa son estrategias psicológicas que usamos, generalmente sin darnos cuenta, para protegernos de emociones o pensamientos difíciles. Aunque pueden ser útiles a corto plazo, si los usamos demasiado o de manera inadecuada, pueden impedirnos afrontar las emociones de forma saludable.

Los conceptos fundamentales relacionados con los mecanismos de defensa son que:

- suelen surgir de forma inconsciente,
- tienen como propósito reducir la ansiedad, evitar conflictos internos y ayudar a mantener una sensación de estabilidad emocional,
- son útiles para afrontar algo inesperado o muy difícil y,
- se convierten en un problema cuando se transforman en patrones recurrentes que nos alejan de la realidad, nuestras emociones o nuestras relaciones.

De los mecanismos expuestos, la negación, la proyección y las 3 erres (racionalización, represión y regresión), se consideran menos maduros, frente a la sublimación, el humor, la aceptación y la anticipación, que serían más maduros.

Los mecanismos de defensa son buenos durante un tiempo, pero tal como evolucionamos, estos deben adaptarse y cambiarse. Las **estrategias para cambiar mecanismos de defensa** serían:

1. Reconocer su existencia y dejar el miedo al pasado atrás. Conseguir hacer las paces con el pasado significa no olvidar sino extraer el máximo de lecciones y aprendizajes que podamos de este.
2. Tratar de no enterrar el pasado, al contrario, veamos qué pasó y cómo vivimos aquellas circunstancias. Eso da poder a nuestra psicobiografía pero además, nos ayuda a superarnos. Si hace falta, busquemos ayuda para hacer este recorrido. Las terapias psicoanalíticas o psicodinámicas son fabulosas para este fin.
3. Dejar de culpar a los demás o justificar nuestras propias actuaciones y creencias. La auto tortura no sirve para nada, sí sirve el análisis y la reconsideración de lo que pasó, que cuando ya ha pasado un tiempo se puede ver de otra manera.
4. Redirigir las emociones y mecanismos de defensa hacia otros fines. Tratemos de desafiarnos, cuestionarnos y tratar de buscar modos alternativos de comprender y actuar.

Se propone a continuación un **ejercicio para explorar tus mecanismos de defensa**.

Paso 1: Piensa en una situación reciente que te causó ansiedad o malestar.

Paso 2: Pregúntate: ¿Cómo reaccioné? ¿Evité, proyecté, negué o racionalicé?

Paso 3: Anota una forma alternativa en que podrías haber respondido. Por ejemplo:

- En lugar de negar: “Acepto que me siento mal, pero buscaré formas de cuidarme”.
- En lugar de proyectar: "Me doy cuenta de que estoy sintiendo esto y no tiene que ver con los demás”.

Paso 4: Practica con situaciones.

Esto es un proceso difícil en el que se puede necesitar ayuda, pero sin duda, nos llevará a una mejora de la conciencia y crecimiento personal.

Los mecanismos de defensa no son "malos", pero pueden limitarte si los usas en exceso o si evitan que conectes con tus emociones reales. En realidad, son como un "escudo emocional" que nos protege, pero que también puede bloquear nuestro crecimiento si no los gestionamos bien. Reconocerlos y transformarlos nos da el poder de enfrentar nuestras emociones con mayor madurez, lo que en última instancia nos hace más resilientes y auténticos. Aprender a entenderlos y usarlos sabiamente es un paso hacia el bienestar emocional y las relaciones más auténticas.

XPERIMENTO EMOCIONAL

La nueva película *Xperimento Emocional* (XE) está a punto de estrenarse. Todo el equipo lleva meses trabajando en esta película que en sí misma es un nuevo género, el multigénero. Contiene toques de casi todos los géneros. Ver una película con tantas emociones las provoca en sí misma.

Sinopsis

La protagonista se encuentra invadida por muchos miedos. Vive en una isla sola y durante el día mantiene una rutina serena pero cuando llega la noche, es capaz de visualizar todos los monstruos imaginables. Detrás de puertas, reflejándose en espejos, al final del pasillo o debajo de la cama. Se pueden poner en cualquier sitio y verse bajo todo tipo de formas. Si se ponen en un mapa todos los miedos que se pueden tener, sale un mapa con muchos pueblos, pues podemos tener hasta miedo hasta a las rodillas (genufobia).

La protagonista toma una determinación, afrontar los miedos para poder vivir la noche con la máxima tranquilidad. Cuando ve una forma en la oscuridad, se acerca y trata de mirar, primero a oscuras y luego con la luz puesta. La antítesis absoluta sobre las normas de las películas de terror que dicen que, si ves, corras.

Los experimentos emocionales nos sirven para aprender a manejar las emociones. Un experimento emocional no trata de generar emociones de forma artificial, de ponerse en esa situación para sentir X sentimiento, sino de poder analizar lo que se siente y generar estrategias de manejo de esto (ver plantilla de análisis del Anexo 4). No todas las emociones se manejan de la misma manera.

Una primera consideración y es que tenemos un lío cuando hablamos de qué hacer con las emociones. Existen **varios términos relacionados con el trabajo emocional** que se refieren a cómo las personas pueden interactuar, influir y regular sus emociones. El autocontrol se refiere a la capacidad de evitar reacciones impulsivas, manteniendo la calma en situaciones emocionalmente intensas. El manejo de emociones implica tener herramientas para hacer frente a las emociones difíciles de manera saludable, sin suprimirlas ni dejarse dominar por ellas. Por su parte, la gestión emocional abarca la habilidad para manejar nuestras emociones de forma adaptativa, eligiendo las respuestas más adecuadas a cada situación. La autorregulación se refiere a la habilidad de modificar nuestras emociones para alinearlas con nuestros valores y objetivos, mientras que la autoconciencia emocional es la capacidad de identificar y entender nuestras emociones en tiempo real, lo que facilita una respuesta más adecuada. Si bien todos estos conceptos son valiosos, me quedaría con autorregulación, ya que implica un enfoque integral y consciente, que combina la autoconciencia con la capacidad de tomar decisiones emocionales ajustadas a nuestras necesidades y el contexto, promoviendo un equilibrio emocional duradero. Empecemos a ver cómo **autorregularse con diferentes emociones**.

El miedo se regula afrontando las situaciones, objetos o cosas que nos lo producen. Así, debemos ponernos en situaciones, poco a poco, que nos sirvan para ver que no es tanto aquello a lo que le tenemos miedo. Wolpe (1951) decía que era bueno tratar de entrar en esa situación que produce miedo y luego salir y relajarse; Marks (1997), que mejor tratar de aguantar tiempo en la situación, hasta donde podamos y Baum (1968) que vayamos directamente a lo que nos dé más miedo...

La tristeza nos pide que empecemos a hacer las actividades que habíamos dejado de lado. A esto lo llamamos activación conductual. La primera actividad que reclama es el que nos arreglemos y cuidemos. Luego podemos decidir hacer actividades relajantes, algunas que nos de mucha ilusión y por último, recuperando rutinas. La única tristeza con la que "no podemos" hacer nada es la muerte. Frente a las pérdidas, el homenaje, los adioses y el buscar buenos recuerdos. Cuando nos ocurra por otro tipo de pérdidas o situaciones, tratemos de solucionar (si se puede aplicar alguna) o de aceptar (en la medida que podamos). Para ello nos ayuda mucho el pensamiento, podemos encontrar afirmaciones que nos refuercen y animen.

Con la ira, Novaco (1975) recomendaba que primero debíamos saber qué es lo que nos enfada y entender cómo funciona: primero acumulamos tensión, a continuación, explotamos y luego, a veces, nos arrepentimos, generalmente no de lo dicho sino de cómo lo hemos dicho. La ira es una emoción que afecta a nuestras relaciones, es muy expansiva. Podemos hacer lo siguiente:

- La "tirita" o el perdón, la cual se pone cuando sabemos que hemos hecho o dicho algo mal. Siempre estamos a tiempo de poner la tirita del perdón.
- La respiración diafragmática ayuda a disminuir el nivel de activación, baja el cabreo.
- El tiempo fuera o el salir de la situación, nos ayuda a desconectar temporalmente del enfado y cuando volvemos a entrar estamos diferentes.
- La distracción de pensamiento, o el hacer cosas que no nos permitan pensar demasiado, nos va a ahorrar el crear un millón de argumentos para ganar la discusión y, además, los insultos mentales.
- Las técnicas de comunicación que hay que trabajar para poder mejorar la relación. Marshall Rosenberg (2006) hablaba de una ecuación adecuada en este punto: decir lo que ha ocurrido (hechos objetivos), como nos ha hecho sentir (sentimientos), lo que necesitaríamos (necesidad) y lo que pediríamos (petición). Normalmente, nos quedamos en bucle en las dos primeras.

- Las técnicas de autocontrol, sabiendo lo que nos enfada, siempre lo podemos evitar o anticiparlo, por ejemplo, señalando a la persona que esto nos enfada. Aquí debemos comprometernos a seguir un plan de acción que incluya los cambios pertinentes para controlar enfados.
- Las técnicas de modelado ayudan a tratar de copiar a una persona que domine más la ira. Pensemos en un modelo, cómo lo hace bien descrito y cortar y pegar.

En el Anexo 6 puedes consultar pautas sencillas para cada emoción, **el botiquín emocional** que deberíamos llevar con nosotros para saber cómo actuar frente a emergencias.

David Servan-Scheiber (2003) plantea unas **técnicas de curación emocional** para todo tipo de emociones. La primera es la coherencia cardíaca, que señala que debemos tratar de tener un ritmo cardíaco regular. Con los smartwatch podemos ir viendo como late el corazón y con respiración, meditación y otros, podemos bajar el ritmo. Resulta que necesitamos la luz pues favorecen un mejor humor. Podemos tocar un punto en lo alto de la nariz, entre ambos ojos, que es el punto Qi, un punto de acupuntura que ayuda a reequilibrar energías del cuerpo.

La **autorregulación emocional** es la capacidad de reconocer, comprender y gestionar nuestras emociones de manera efectiva. La autorregulación emocional, resumiendo aspectos presentados anteriormente, incluiría:

1. Identifica y nombra tus emociones, pregúntate: ¿qué estoy sintiendo exactamente?
2. Entiende la función que cumple cada emoción.
3. Respira antes de reaccionar (inhala 4 segundos, sostén el aire 4 segundos, exhala lentamente entre 6 y 8 segundos y, vuelve a inhalar).
4. Reformula pensamientos negativos pues si cambia la forma de interpretar la situación, cambia la emoción.
5. Encuentra una salida saludable para tus emociones, una manera constructiva, como las que se han ido presentando.
6. Mantener hábitos de bienestar, entre los que están buen descanso y pausas en el día.

La verdadera fortaleza emocional está en aprender a navegarlas con inteligencia y equilibrio.

YERRO EMOCIONAL

No se trata de borrar las emociones negativas
que nos pueden causar ciertos hechos,
sino de reducir su intensidad.

(Jonathan García-Allen)

Las personas nos equivocamos. No sólo caemos dos veces con la misma piedra, sino cientos de veces. El karma no es sino una representación de esto. Dice el karma que tal cual haces, tal cual recibes. Así, hicimos esta lógica interpretación de palabras tan sabias: si hacemos algo bueno, recibimos cosas buenas (y al contrario). Pero no es eso. Este sabio lo que quiso decir fue que venimos a la tierra a aprender ciertas lecciones. Si lo aprendemos, avanzaremos y es probable que este examen no tengamos que volver a hacerlo. Si no lo hacemos diferente y mejor, nos volvemos a examinar. Así pensamos, ¿cómo es posible que esto me vuelva a pasar? Suspendimos el examen. Por eso, ya decía Albert Einstein que si queremos resultados diferentes hagamos las cosas de otra manera a como las veníamos haciendo.

Dicho esto, podemos suspender los exámenes sobre emociones haciendo cualquiera de los siguientes procedimientos:

a) No escuchar el mensaje de la emoción y tratar de hacer ver que no lo siento. Suspenso.
b) No actuar según las emociones, haciendo lo contrario de lo que siento. Suspenso.
c) Actuar de una forma exagerada o desmedida respecto a lo que siento. Suspenso.
d) Relacionar una emoción del presente con el pasado y así, justificarlo todo. Como me pasó esto… Suspenso.
e) Buscar sensaciones fuertes, el beber para olvidar. Suspenso.
f) No hacer caso a lo que nos dice el cuerpo. Suspenso.
g) No decir lo que nos pasa. Suspenso.
h) Asumir que una emoción momentánea define toda una situación o relación. Suspenso.
i) Exagerar o restar importancia a las emociones de los demás, o interpretar que es algo relacionado con nosotros. Suspenso.
j) Creer que nuestras emociones siempre reflejan la realidad objetiva. Suspenso.
k) No saber ver que una emoción está teniendo una duración excesiva o que no se desvanece bajo ningún concepto. Suspenso.
l) Considerar que ciertas emociones dominan nuestra vida. Suspenso.

Si has suspendido, puedes pedir una tutoría para tratar de entender que ocurrió en el examen, y la profesora te podría explicar que en el examen emocional se pedía: que pudieras demostrar la comprensión de las emociones, con todo lo que entraba a examen (definición, elementos, funciones, etc.) y el cómo pueden experimentarse de forma saludable. Eso se pedía en el examen.

Los errores emocionales son patrones de percepción, reacción o interpretación que surgen cuando nuestras emociones no se alinean adecuadamente con la realidad o los objetivos que buscamos alcanzar. Estas equivocaciones, aunque naturales, pueden complicar nuestras respuestas emocionales si no se reconocen a tiempo.

Los errores emocionales hacen que las emociones se multipliquen y se repitan. Si no tratamos a la emoción con delicadeza, poniéndole nombre, viendo que trata de decirnos, que dimensiones activa y que podemos hacer, no va a borrarse, cuando menos lo esperemos puede volver incluso en forma de enfermedad.

Si has cometido errores emocionales, no te castigues ni te juzgues con dureza. En lugar de ello, busca aprender de tus experiencias pues cada error es una oportunidad de crecimiento y aprendizaje emocional.

Construye una escalera de siete peldaños

Imagina que enfrentar los errores emocionales es como ascender una escalera de siete peldaños. Cada peldaño representa un paso hacia el autoconocimiento y la superación emocional. Aquí tienes los siete peldaños de esta escalera:

1. Reconocer el error, reflexionar sobre la situación y tratar de aprender de la experiencia.
2. Actuar en consonancia con las emociones, de manera constructiva y saludable.
3. Evitar reacciones exageradas o impulsivas, tratando de mantener la calma en la medida de lo posible y encontrando formas de responder equilibradas.
4. Cultivar la objetividad y el discernimiento para poder cuestionar interpretaciones automáticas.
5. Evitar relacionar emociones presentes con experiencias pasadas, viendo las emociones de forma única para este momento.
6. Busca apoyo y perspectiva externa para poder obtener una visión distanciada de lo que estás experimentando.
7. Acepta la imperfección, pues es natural cometer errores, experimentar emociones negativas y no conseguir lo que se desea.

Con cada paso que das, te acercas un poco más a comprender y dominar tus emociones, convirtiendo tus errores en oportunidades de crecimiento y aprendizaje.

Ahora hay que ir a una consideración, después de hablar de errores emocionales que cometemos, y es que muchas veces estos están motivados por el pensamiento. A continuación, unos cuantos de **los errores de pensamiento que implican emociones**:

1. Catastrofismo → Exagerar lo negativo y anticipar el peor escenario posible.
2. Filtro negativo → Fijarse solo en lo malo, ignorando lo positivo.
3. Personalización → Creer que todo lo que ocurre es culpa propia.
4. Pensamiento dicotómico → Ver todo en extremos: bueno/malo, éxito/fracaso.
5. Sobregeneralización → Sacar conclusiones generales a partir de un solo evento.
6. Lectura de mente → Suponer lo que piensan los demás sin pruebas.
7. Razonamiento emocional → Creer que algo es real solo porque se siente así.
8. Etiquetado → Definirse a uno mismo o a otros con términos absolutos ("soy un fracaso").
9. Falacia de justicia → Creer que todo debe ser justo según las propias expectativas.
10. Sesgo de confirmación → Buscar solo información que confirme creencias previas.

Deberíamos poder tener en cuenta también estos pues son juegos del pensamiento que pueden hacernos malas pasadas.

Sepamos, sobre todo, que las personas somos capaces de suprimir parte de la expresión de las emociones, controlar su intensidad, disimular nuestras emociones, provocarnos emociones, provocarlas en los demás e interpretarlas, a la perfección, para lo bueno y para lo malo. Tratemos de pasar el examen con buena nota de salud emocional.

ZEN EMOCIONAL

Cuanto más sabes, menos necesitas.
(Yvon Chouinard)

El zen emocional es el destino final de este viaje por un abecedario entretenido. Dijo Buda que el nirvana está frente a nosotros, en el árbol que nos da sombra en un día de calor. La iluminación emocional está en nuestras manos con un mensaje ciertamente simple. No vamos a poder evitar que cosas negativas nos ocurran, pero sí el cómo interpretamos y sentimos estas situaciones. Los mismos budistas decían que el dolor es inevitable pero el dolor es opcional.

Debemos dejarnos vivir momentos de aflicción, y darles un tiempo a estas emociones. La mejor manera es la de cultivar las emociones positivas: alegría, amor y felicidad. Cada día deberíamos cercar un momento para estas emociones, es lo mejor que podemos hacer por nosotros.

Vamos a sentarnos en una mesa a conversar y hacer el té con las emociones positivas, a ver que recomendaciones nos pueden dar.

La alegría va a explicar que, en su mundo, vive acompañada por el estar contento o contenta, la diversión y el optimismo. Son tres emociones que la conforman, entre otras, a las que se puede llamar. Pensemos en pequeños placeres que aumenten nuestra serotonina. Nuestro peor enemigo solemos ser nosotros mismos. Busquemos un lenguaje adecuado, pues por hacer algo malo no nos convertimos en malas personas, seguramente somos buenas personas que hicieron algo mal hecho. Y, en cualquier caso, podemos tratar de mejorar lo que hicimos y si no, el perdón siempre está en nuestras manos.

El amor, *oulala*, nos hablará en francés. Va a decirnos que él está en el aire y que lo necesitamos para vivir. ¡Es un romántico! Está en el aire porque podemos amar las cosas bellas que nos rodean, empezando por la belleza de un paisaje. Se trata de admirar y sentir cariño por objetos y personas. *All we need is love.* Cierra su discurso diciendo que busques a tu alrededor y que no trates de coger a las mariposas, ellas posaran en la mano que vean extendida.

La felicidad empieza hablando con sarcasmo. Que equivocados estamos los seres humanos respecto a ella. Pensamos en grandes glorias y siempre en futuro. Cuando tenga tal trabajo, seré feliz; cuando gane tanto dinero, seré feliz; cuando tenga pareja, seré feliz. Y en eso que la felicidad, cansada de tanta estupidez humana, se va yendo cada vez más lejos, pues nos pasaremos la idea persiguiendo más y más de lo que sea. La felicidad está frente a ti, va de la mano del Dios de las pequeñas cosas. Suele ir con dos amigos, la alegría y la serenidad. Para llamar a la alegría ya sabemos que hacer. A la serenidad la encontraremos de vacaciones, en un masaje o simplemente mirando al techo. Pero no es tan fácil que vengan las tres amigas a la vez, por eso puedes hacer tu lista de cosas excepcionales. Piensa, si tuvieras un año de vida, ¿qué te propondrías hacer? Ese sería la forma para que vengan las tres amigas a verte.

El zen emocional se consigue cuando se entiende que no vamos a poder evitar emociones negativas, tenemos que aprender a convivir de la mejor manera con estas, a la vez que potenciamos las positivas. No es un trabajo de un día sino una actitud para la vida.

Puedes empezar hoy mismo con la propuesta de Patricia Moreno (2019) y su taller de escritura emocional. Empieza a escribir lo primero que surja sobre el sol, la alegría, la infancia y la sonrisa y a continuación, recopila un listado de momentos alegres y otro con las cosas que se nos da bien hacer. Es una muy buena manera de conectar con las emociones positivas para empezar con este zen particular.

Inspirado en la filosofía Zen, este enfoque busca integrar la experiencia emocional en el presente, sin reprimirla ni ser dominado por ella.

Principios del Zen emocional

1. Aceptación sin resistencia:
   En lugar de luchar contra las emociones desagradables, se trata de aceptarlas como parte natural de la experiencia humana, observándolas sin juicio.
2. Presencia en el ahora:
   Reconocer las emociones tal como surgen en el momento presente, sin aferrarse al pasado ni preocuparse por el futuro.
3. Fluidez emocional:
   Las emociones son como el agua: surgen, fluyen y desaparecen. No hay que aferrarse ni bloquear su curso natural.
4. Práctica de la compasión:
   Cultivar una actitud amable hacia uno mismo y los demás, entendiendo que todos experimentamos desafíos emocionales.
5. Meditación y conciencia plena:
   La meditación es una herramienta clave para desarrollar una observación serena de las emociones, permitiendo que se expresen sin dominar la mente.

Cómo practicar el Zen emocional

Practicar el Zen emocional implica desarrollar una relación más consciente y compasiva con las emociones. Aquí hay algunas estrategias específicas:

1. Respira con atención plena:
   La respiración es una herramienta poderosa para anclar la mente en el presente. Cuando una emoción intensa surge, detente y enfócate en tu respiración. Inhala lenta y profundamente, contando hasta cuatro, y exhala con calma. Esto no solo calma el sistema nervioso, sino que te permite crear un espacio para observar lo que sientes sin reaccionar de inmediato.
2. Etiqueta las emociones sin juzgar:
   En lugar de resistir o criticar lo que sientes, intenta nombrar la emoción que estás experimentando: "Esto es tristeza", "Esto es enojo", "Esto es miedo". Ponerle un nombre reduce su intensidad y te permite observarla con claridad.
3. Acepta la emoción tal como es:
   Reconoce que todas las emociones, sean agradables o no, son pasajeras y necesarias. Repítete a ti mismo: "Esto es lo que siento ahora, y está bien". Practicar la aceptación te ayuda a reducir la lucha interna y a encontrar paz incluso en medio de emociones difíciles.
4. Sé curioso sobre lo que sientes:
   En lugar de evitar o suprimir las emociones, explora su origen y su mensaje. Pregúntate: "¿Qué me está diciendo esta emoción?", "¿Qué necesidad o valor está relacionado con esto?". Esta curiosidad fomenta el autoconocimiento y una mejor comprensión de tus reacciones.
5. Encuentra el silencio a través de la meditación:
   Dedica tiempo diario a practicar la meditación mindfulness. Siéntate en un lugar tranquilo, cierra los ojos y enfócate en tu respiración o en las sensaciones de tu cuerpo. Permite que cualquier emoción surja, pero observa cómo llega y se va, como una nube que cruza el cielo. Este ejercicio entrena tu mente para no aferrarte a las emociones ni temerlas.
6. Practica el desapego:
   Recuerda que tú no eres tus emociones. Ellas son estados temporales que experimentas, pero no definen quién eres. Este desapego no significa indiferencia, sino una perspectiva más amplia que te permite vivir las emociones sin que te controlen.

7. Conecta con la naturaleza:
   Pasar tiempo en la naturaleza puede ayudarte a sintonizarte con el flujo de la vida y aceptar las emociones como parte de ese flujo. Caminar descalzo en el césped, observar el movimiento de las hojas o escuchar el sonido del agua puede inspirarte a aceptar la transitoriedad de todo.
8. Usa afirmaciones:
   Repite frases como: "Las emociones son parte de mí, pero no me definen", o "Acepto cada emoción como una oportunidad para aprender". Estas afirmaciones refuerzan la actitud de aceptación y calma.

A veces lo más simple es lo más eficaz. Así, Shoma Morita (1998), en su **terapia emocional** recomendaba:

- Aislamiento y descanso en una habitación sin estímulos exteriores, sin teléfono, ni pantallas y sin hablar con nadie.
- Hacer tareas simples en silencio, como organizar espacios.
- El movimiento físico, los trabajos manuales, la conversación y las tareas en el exterior, como la jardinería.

Este autor nos recuerda que, a menudo, olvidamos lo esencial: aceptar lo que sentimos y enfocarnos en lo que hacemos.

El Zen emocional no busca eliminar las emociones ni convertirnos en seres insensibles, sino enseñarnos a vivir en armonía con ellas. Al aceptar cada emoción como parte del flujo natural de la vida, podemos encontrar una paz profunda y una mayor conexión con el momento presente. Y, cómo propuesta final la de dejar ir las emociones. Esto se refiere a liberarse de la carga emocional sin aferrarse a la negatividad o el sufrimiento. Es un proceso que implica aceptación (permitir sentir), y soltar lo que ya no podemos cambiar. Al final, sólo hay una vida, muchas situaciones y emociones negativas pero también un sin fin de positivas.

EPÍLOGO

La vida está llena de altibajos emocionales, y cada día nos presenta nuevas oportunidades para crecer, aprender y conectarnos más profundamente con nosotros mismos y con el mundo que nos rodea. Pensamos que este será un camino recto, que cuando consigamos el trabajo deseado, seremos felices y nos equivocamos. De hecho, cuanto más conoces las emociones, más te da la sensación de que estas son como el agua, se escapan entre los dedos. Hay un aspecto que sí se muestra cristalino y es que es necesario primero saber de qué emoción estamos hablando (identificación emocional) para poder plantearse de qué forma gestionarla. Como exploradores intrépidos, debemos estar dispuestos a adentrarnos en el paisaje de nuestras propias emociones, sin juicio ni miedo. Es como aprender un nuevo idioma: cuanto más practicamos, más fluidamente podemos comunicarnos con nosotros mismos y con los demás.

Sin embargo, la aceptación de nuestras emociones puede ser una tarea desafiante. A menudo nos encontramos luchando contra corrientes internas de autocrítica y autoengaño, tratando de negar o suprimir lo que sentimos. Pero la verdad es que nuestras emociones son mensajeros valiosos, señales de nuestro interior que merecen ser escuchadas y comprendidas.

La gestión emocional es un proceso activo y creativo que nos invita a explorar con la curiosidad de un niño. Habrá ocasiones en que el manejo será gritar al aire libre y otras, el darse permiso para quedarse en casa por no sentirse con suficiente ánimo. Se han tratado de dar ideas en cada paso, pero al final es un proceso altamente personal y, por tanto, que requeriría propuestas individualizadas. El manejo emocional no es lineal, ni estático, sino que está lleno de giros inesperados.

Y aunque este viaje puede ser desafiante, no estamos solos en él. Contamos con el apoyo de amigos, familiares y profesionales que pueden acompañarnos en nuestro viaje emocional, ofreciendo orientación y perspectivas valiosas.

En última instancia, el manejo emocional es un viaje personal y único para cada individuo. No hay una fórmula mágica o una solución única para todos, pero al comprometernos con nuestro propio crecimiento emocional, podemos encontrar una mayor paz, equilibrio y satisfacción en nuestras vidas.

BIBLIOGRAFÍA

Abramovic, M. (2010). La artista está presente. [Performance]. MoMa. https://www.moma.org/calendar/exhibitions/964

André, C. (2010). *Los estados de ánimo. El aprendizaje de la serenidad.* Ed. Kairós.

Aristóteles (1994). *Retórica.* Ed. Gredos.

Aron, A. (1993). 36 questions for increasing closeness. *Greater Good in Action. Science-based Practices for a Meaningful Life.* https://ggia.berkeley.edu/?ACT=141&path=practice%2Fpractice_as_pdf%2F36_questions_for_increasing_closeness&size=Letter&orientation=portrait&key=&attachment=1&compress=1&filename=practice_36_questions_for_increasing_closeness.pdf&default_font=

Aron, E. N. (1996). *The Highly Sensitive Person: How to Thrive When the World Overwhelms You.* Broadway Books.

Aron, E. N. (2010). *Psychotherapy and the Highly Sensitive Person: Improving Outcomes for That Minority of People Who Are the Majority of Clients.* Routledge.

Bartlett, J. D., Close, G. L., MacLaren, D. P., Gregson, W., Drust, B., & Morton, J. P. (2011). High-intensity interval running is perceived to be more enjoyable than moderate-intensity continuous exercise: implications for exercise adherence. *Journal of sports sciences, 29*(6), 547-553.

Barton, J. y Pretty, J. (2010). What is the best dose of nature and green exercise for improving mental health? A multi-study analysis. *Environmental Science & Technology*, 44(10), 3947-3955.

Baum, M. (1968). *Efficacy of response prevention (flooding) in facilitating the extinction of an avoidance response in rats: the effect of overtraining the response. Behav. Res. & Therapy*, 6, 127-203, 1968.

Ben-Shahar, T. (2007). *Elige la vida que quieres: 101 claves para no amargarse la existencia*. Ediciones B.

Bisquerra, R. (2018). *Educación emocional y bienestar*. Editorial Horsori.

Bisquerra, R. y Punset, E. (2015). *Universo de las emociones*. Ed. Palau-Gea Comunicación S.L.

Brown, B. (2010). *The Gifts of Imperfection: Let Go of Who You Think You're Supposed to Be and Embrace Who You Are*. Hazelden Publishing.

Buck, R. (1991). Motivation, emotion and cognition: A developmental-interactionist view. En K. T. Strongman (Ed.) *International Review of Studies on Emotion*. Vol. I. (pp. 101-142) Ed. Wiley.

Cabanas, E. y Illouz, E. (2018). *Happycracia: cómo la ciencia y la industria de la felicidad controlan nuestras vidas*. Ed. Planeta.

Cannon, W. (1932). *Wisdom of the Body*. Ed. W. W. Norton & Company.

Cannon, W. B. y Bard, P. (1927). *Bodily changes in pain, hunger, fear, and rage: An account of recent researches into the function of emotional excitement*. Appleton & Company.

Castellanos, N. (2022). *Neurociencia del cuerpo. Cómo el organismo esculpe el cerebro*. Ed. Kairós S.A.

Chang, A. M., Aeschbach, D., Duffy, J. F. y Czeisler, C. A. (2015). Evening use of light-emitting eReaders negatively affects sleep, circadian timing, and next-morning alertness. *Proceedings of the National Academy of Sciences*, 112(4), 1232-1237.

Chapman, G. (1995). *The Five Love Languages: How to Express Heartfelt Commitment to Your Mate*. Northfield Publishing.

Cowen, A. S. y Keltner, D. (2017). *Self-report captures 27 distinct categories of emotion bridged by continuous gradients.* Proceedings of the National Academy of Sciences, 114(38), E7900-E7909.

Csikszentmihalyi, M. (1990). *Flow: The psychology of optimal experience.* Harper y Row.

Damasio, A. R. (2000). A second chance for emotion. En R. D. Lane y L. Nadel (Eds.).*Cognitive Neuroscience of Emotion* (pp. 12-23). Ed. Oxford University Press.

Damasio, A. (1994). *El error de Descartes: La emoción, la razón y el cerebro humano.* Ediciones Destino.

Darwin, C. (1872). *The expression of emotions in man and animals.* Ed. Appleton & Co.

De Botton, A. (2006). *La arquitectura de la felicidad.* Ed. Debate.

De Botton, A. (2009). *The Pleasures and Sorrows of Work.* Vintage.

De Botton, A. (2022). *El arte de viajar.* Ed. Anagrama.

Dinas, P. C., Koutedakis, Y. y Flouris, A. D. (2011). Effects of exercise and physical activity on depression. *Irish Journal of Medical Science,* 180(2), 319–325.

Ekman, P. (1999). *Emotions revealed: Recognizing faces and feelings to improve communication and emotional life.* Ed. Times Books.

Erickson, K. I., Voss, M. W., Prakash, R. S., Basak, C., Szabo, A., Chaddock, L. y Wojcicki, T. R. (2011). Exercise training increases size of hippocampus and improves memory. *Proceedings of the National Academy of Sciences,* 108(7), 3017-3022.

Fernández-Abascal, E. G. y Jiménez Sánchez, M. (2010). Psicología de la emoción. En E. G. Fernández- Abascal, B. G. Rodríguez, M. P. Jiménez-Sánchez, M. D. M. Díaz y F. Sánchez (Coord.), *Psicología de la emoción.* Ed. Universitaria Ramón Areces.

Fernstrom, J. D. y Fernstrom, M. H. (2007). Tyrosine, phenylalanine, and catecholamine synthesis and function in the brain. *Journal of Nutrition,* 137(6 Suppl 1), 1539S-1547S.

Fredrickson, B. L. (2003). The broaden-and-build theory of positive emotions. *Psychological Inquiry,* 13(2), 119-132. https://doi.org/10.1207/S15327965PLI1302_03

Fredrickson, B. L. (2013). Positive emotions broaden and build. En J. Gruber y J. T. Moskowitz (Eds.), *Positive emotion: Integrating the light sides and dark sides* (pp. 1-12). Oxford University Press. https://doi.org/10.1093/acprof:oso/9780199926725.003.0001

Freud, S. (2014). *Obras completas Sigmund Freud. Vol 19. El yo y el ello, y otras obras (1923-1925).* Ed. Amorrortu.

Fridja, N. H. (1986). *The emotions.* Ed. Cambridge University Press.

Goleman, D. (1995). *Emotional intelligence: Why it can matter more than IQ.* Ed. Bantam Books.

Goleman, D. (1997). *Inteligencia emocional.* Ed. Kairós.

Goleman, D. (2003). *Emociones destructivas: Cómo entenderlas y superarlas.* Ed. Kairós.

Goleman, D. (2003). *Emociones destructivas: Cómo entenderlas y superarlas.* Ed. Kairós.

Gómez-Pinilla, F. (2008). Brain foods: the effects of nutrients on brain function. *Nature Reviews Neuroscience, 9*(7), 568-578.

Grandner, M. A., Kripke, D. F., Yoon, I. Y. y Youngstedt, S. D. (2010). Criterion validity of the Pittsburgh Sleep Quality Index: investigation in a non-clinical sample. *Sleep and Biological Rhythms,* 8(4), 274-276.

Gray, J. A. (1994). *Three fundamental emotion systems.* En P. Ekman & R. J. Davidson (Eds.), *The nature of emotion: Fundamental questions* (pp. 243-247). Oxford University Press.

Greenberg, L. (2008). *Emociones: Una guía Interna.* Ed. Desclée De Brouwer.

Gruzelier, J. H. (2014). EEG-neurofeedback for optimising performance. II: Creativity, the performing arts and ecological validity. *Neuroscience & Biobehavioral Reviews,* 44, 142-158.

Haskell, W. L., Lee, I. M., Pate, R. R., Powell, K. E., Blair, S. N., Franklin, B. A. y Bauman, A. (2007). Physical activity and public health:

updated recommendation for adults from the American College of Sports Medicine and the American Heart Association. *Medicine and Science in Sports and Exercise*, 39(8), 1423-1434.

Hirshkowitz, M., Whiton, K., Albert, S. M., Alessi, C., Bruni, O., Don-Carlos, L. y Neubauer, D. N. (2015). National Sleep Foundation's sleep time duration recommendations: methodology and results summary. *Sleep Health*, 1(1), 40-43.

Izard, C.E. (1971). *The face of emotion* Ed. Appleton-Century-Crofts.

Izard, C.E. (1971). *The face of emotion* Ed. Appleton-Century-Crofts.

Jacka, F. N., O'Neil, A., Opie, R., Itsiopoulos, C., Cotton, S., Mohebbi, M. y Berk, M. (2017). A randomised controlled trial of dietary improvement for adults with major depression (the 'SMILES' trial). *BMC medicine*, 15(1), 23.

James, W. (1884). *What is an emotion? Mind*, 9, 188-205.

James, W. (1890/1989). *The principles of psychology*. Ed. Holt.

Joseph, J. A., Shukitt-Hale, B. y Willis, L. M. (1999). Grape juice, berries, and walnuts affect brain aging and behavior. *Journal of Nutrition*, 129(3), 480S-484S.

Lang, P. J. (1979) A bio-informational theory of emotional imagery. *Psychophysiology*, 16, 495-512.

Lazarus, R. S. (1966). *Psychological stress and the coping process*. Ed. McGraw-Hill.

Lazarus, R. S. y Folkman, S. (1984). *Stress, appraisal, and coping*. Ed. Springer Publishing Company.

LeDoux, J. E. (2000). Emotions circuits in the brain. *Annual Review of Neuroscience*, 23, 155- 184.

Logan, A. C. y Katzman, M. A. (2005). Major depressive disorder: probiotics may be an adjuvant therapy. *Medical Hypotheses*, 64(3), 533–538.

Lyubomirsky, S. (2008). *The how of happiness: A new approach to getting the life you want*. Penguin Books.

MacClean, P. (1998). *Evolución del cerebro triuno*. Ed. Pleumpress.

Marks, I. M. (1987). *Fears, phobias, and rituals: Panic, anxiety, and their disorders.* Oxford University Press.

Miller, A. L. (2013). The methylation, neurotransmitter, and antioxidant connections between folate and depression. *Alternative Medicine Review,* 18(2), 99–104.

Moreno, P. (2019). *Escribir a través de las emociones: Taller de escritura emocional.* Ed. Paperback.

Morita, S. (1998). *Morita Therapy and the True Nature of Anxiety-Based Disorders (Shinkeishitsu).* Ed. State University of New York Press.

Navarro, T. (2017). *Kintsukoroi. El arte de curar heridas emocionales.* Ed. Zenith.

Neff, K. (2003). Self-compassion: An alternative conceptualization of a healthy attitude toward oneself. *Self and Identity,* 2(2), 85-101.

Novaco, R. W. (1975). *Anger Control: The development and evaluation of an experimental treatment.* Lexington Books, D. C. Heath.

Nummenmaa, L., Glerean, E., Hari, R. y Hietanen, J. K. (2014). Bodily maps of emotions. *Psychological and Cognitive Sciences.* 111 (2), 646-651. https://doi.org/10.1073/pnas.1321664111

Ong, J. C., Shapiro, S. L., & Manber, R. (2008). Mindfulness meditation and cognitive behavioral therapy for insomnia: a naturalistic 12-month follow-up. *Explore,* 4(3), 178–181.

Paladino, C. E. y Gorostiaga, D. (2004). *Expresividad emocional y estereotipos de género.* Unidad Académica. Facultad de Humanidades y Ciencias de la Educación. http://sedici.unlp.edu.ar/handle/10915/3242

Plutchik, R. (1984). *Emotions: A general psychoevolutionary theory.* In R. Plutchik y H. Kellerman (Eds.), *Emotion: Theory, research, and experience: Vol. 1. Theories of emotion* (pp. 3-33). Academic Press.

Popkin, B. M., D'Anci, K. E. y Rosenberg, I. H. (2010). Water, hydration, and health. *Nutrition Reviews,* 68(8), 439-458.

Post, E. (1922). *Etiquette in Society, in Business, in Politics, and at Home.* Literary Licensing, LCC.

Real Academia Española. (2025). Emoción. En *Diccionario de la lengua española* (24.ª ed.). Recuperado de https://dle.rae.es/emoción

Riera, R. (2019). *La herencia emocional. Un viaje por las emociones y su poder para transformar el mundo.* Ed. Planeta.

Rosenberg, M. B. (2014). *El sorprendente propósito de la rabia. Más allá de la gestión de la rabia: descubrir el regalo.* Ed. Acanto S.A.

Russell, J. A. (1980). A circumplex model of affect. *Journal of Personality and Social Psychology,* 39(6), 1161-1178.

Salovey, P. y Mayer, J. D. (1990). Emotional intelligence. *Imagination, cognition, and personality,* 9(3), 185-211.

Schachter, S. y Singer, J. (1962). Cognitive, social and physiological determinants of emotional state. *Psychological Review,* 69, 379-399.

Servan-Schreiber, D. (2003). *Curación emocional. Acabar con el estrés, la ansiedad y la depresión sin fármacos ni psicoanálisis.* Ed. Kairós.

Stamateas, B. (2012). *Emociones tóxicas.* Ediciones B.

Tomkins, S. S. (1962). *Affect, Imagery, Consciousness.* Vol. 1. Ed. Springer.

Voces de Latino América (2017). *El genograma.* https://web.vocespara.info/comparte/2017_vcs/Interv_Psico_terapeutica/El_Genograma.pdf

Watson, D. y Tellegen, A. (1985). Toward a consensual structure of mood. *Psychological Bulletin,* 98(2), 219-235.

Weiner, B. (1992). *Human motivation: Metaphors, theories and research.* Ed. Sage.

Williams, D. M., Dunsiger, S., Jennings, E. G. y Marcus, B. H. (2012). Does affective valence during and immediately following a 10-min walk predict concurrent and future physical activity? *Annals of Behavioral Medicine,* 44(1), 43-51.

Wolpe, J. (1958). *Psicoterapia por inhibición recíproca.* Ed. Desclée De Brouwer.

Zeff, T. (2004). *The Highly Sensitive Person's Survival Guide: Essential Skills for Living Well in an Overstimulating World.* New Harbinger Publications.

ANEXOS

Anexo 1.
Listado de emociones

A
Abandono
Abatimiento
(Estar) Abrumado
Aburrimiento
Abuso
Aceptación
Acompañamiento
Admiración
Adoración
Afecto
Aflicción
Agobio
Agradecimiento
Agravio
Agresión
Alarma
Alborozo
Alegría
Alivio
Alteración
Amabilidad
Amargura
Ambivalencia
Amor
Angustia
Añoranza
Ansiedad
Apatía
Apego
Apoyo
Aprobación
Armonía
Arrepentimiento
Arrogancia
Arrojo
Asco
Asombro
Atracción
Ausencia
Autonomía

B
Benevolencia
Bondad

C
Calma
Cansancio
Cariño
Celos
Censura
Cercanía
Claridad
Cólera
Compasión
Competencia
Comprensión
Compromiso
Concentración
Condescendencia
Confianza
Confusión
Congoja
Consideración
Consuelo
Contento
Contrariedad
Cordialidad
Correspondencia
Cuidado
Culpa
Curiosidad

D
Decepción
Dependencia
Depresión
Derrota
Desaliento
Desamor
Desamparo
Desánimo
Desasosiego
Desconcierto
Desconfianza
Desconsideración
Desconsuelo
Desdén
Desdicha
Desencanto
Deseo
Desesperación
Desgano
Desidia
Desilusión
Desmotivación
Desolación
Desorientación
Desprecio
Desprestigio
Desprotección
Destrucción
Desvalimiento
Desventura
Devaluación
Dicha
Dignidad
Discordia
Disforia
Disgusto
Dolor
Dominación
Duda
Duelo

E
Ecuanimidad
Empatía
Encanto
Enfado
Engaño
Enjuiciamiento
Enojo
Entusiasmo
Envidia
Equilibrio
Espanto
Esperanza
Estima
Estremecimiento
Estupor
Estupefacción
Euforia
Exaltación
Exasperación
Excitación
Éxtasis
Extrañeza

F
Fascinación
Fastidio
Felicidad
Fervor
Firmeza
Fobia
Fortaleza
Fracaso
Fragilidad
Frenesí
Frustración
Furia

G
Generosidad
Gozo
Gratitud

H
Hastío
Honestidad
Honorabilidad
Hostilidad
Humildad
Humillación
Humor

I
Ilusión
Impaciencia
Imperturbabilidad
Impotencia
Incapacidad
Incompatibilidad
Incomprensión
Inconformidad
Incongruencia
Incredulidad
Indiferencia
Indignación
Inestabilidad
Infelicidad
Inferioridad
Injusticia
Inquietud
Insatisfacción
Inseguridad
Inspiración
Insuficiencia
Integridad
Interés
Intolerancia
Intrepidez
Intriga
Invasión
Ira
Irritación

J
Júbilo
Justicia

L
Lástima
Libertad
Logro
Lujuria

M
Manipulación
Melancolía
Menosprecio
Mezquindad
Miedo
Molestia
Motivación

N
Necesidad
Nostalgia

O
Obligación
Obnubilación
Obstinación
Odio
Omnipotencia
Optimismo
Orgullo
Ostentación

P
Paciencia
Pánico
Parálisis
Pasión
Pavor
Paz
Pena
Perdón
Pereza
Persecución
Pertenencia
Pesadumbre
Pesimismo
Placer
Plenitud
Preocupación
Prepotencia
Pudor

R
Rabia
Rebeldía
Recelo
Rechazo
Regocijo
Rencor
Repudio
Resentimiento
Reserva
Resignación
Resiliencia
Resistencia
Resolución
Respeto
Resquemor
Reverencia

S
Satisfacción
Seguridad
Serenidad
Serendipia
Simpatía
Soledad
Solidaridad
Sometimiento
Sorpresa
Sosiego
Suficiencia
Sumisión

T
Temor
Templanza
Tentación
Ternura
Terquedad
Terror
Timidez
Tolerancia
Traición
Tranquilidad
Trascendencia
Tristeza
Turbación

U
Unidad

V
Vacilación
Vacío
Valentía
Valoración
Venganza
Vergüenza
Vitalidad
Vulnerabilidad

Z
Zozobra

Cuadro de Tipologías de Emociones según la psicología

Autor	Clasificación	Tipología de emociones
Paul Ekman (1972, 1999, 2003)	Emociones básicas (universales)	Definió **6 emociones básicas**: alegría, tristeza, ira, miedo, sorpresa, asco, a las que luego añadió las siguientes: desprecio, vergüenza, culpa, orgullo, satisfacción, diversión.
Robert Plutchik (1980, 2001)	Emociones primarias, secundarias y terciarias	En una bonita rueda de color, determinó **8 emociones primarias** (ira, anticipación, alegría, confianza, miedo, sorpresa, tristeza y desagrado). Estas funcionaban como opuestos entre ellas y se podían combinar dando lugar a otras emociones. Los sumatorios que estableció, fueron: *Emociones combinadas primarias* Alegría + Confianza = Amor Alegría + Anticipación = Optimismo Confianza + Miedo = Sumisión Miedo + Sorpresa = Alarma Sorpresa + Tristeza = Decepción Tristeza + Asco = Remordimiento Asco + Ira = Desprecio Ira + Anticipación = Agresión *Emociones combinadas secundarias* Alegría + Miedo = Culpa Alegría + Ira = Orgullo Confianza + Sorpresa = Curiosidad Confianza + Anticipación = Fatalismo Miedo + Tristeza = Desesperación Sorpresa + Asco = Incredulidad Tristeza + Ira= Envidia Asco + Anticipación = Cinismo Ira + Tristeza = Envidia *Emociones combinadas terciarias* Alegría + Sorpresa = Deleite Alegría + Asco= Morbosidad Confianza + Tristeza = Sentimentalismo Confianza + Ira = Dominación Miedo + Asco = Vergüenza Miedo + Anticipación = Ansiedad Sorpresa + Ira = Indignación Tristeza + Anticipación = Pesimismo En total, este autor propuso **33 emociones**.

Antonio Damasio (1994, 2003)	Emociones primarias y secundarias	Propone las mismas 6 emociones primarias que Ekman y añade dos emociones de fondo (entusiasmo y desánimo), que son las comunes que experimentamos a lo largo del día y, emociones sociales o secundarias (vergüenza, culpa, orgullo, celos, envidia, gratitud y admiración), las cuales suelen requerir la presencia de otra persona para expresarse. Así, describió un total de **15 emociones**.
Rafael Bisquerra (2000, 2018)	Emociones según su funcionalidad	Este autor planteó las siguientes emociones: • emociones positivas (alegría, humor, amor y felicidad), • emociones negativas (miedo, ansiedad, ira, tristeza, rechazo, vergüenza) y • emociones ambiguas (sorpresa, esperanza y compasión). Posteriormente, añadió las emociones sociales (culpa, gratitud, orgullo, compasión, celos) y las estéticas (relacionadas con la belleza y el arte, como elevación, fascinación, armonía o inspiración). Unas **22 emociones**.
Barbara Fredrickson (2013)	Modelo de emociones positivas	La autora sólo definió las positivas, que viene bien recordar: alegría, gratitud, serenidad, interés, esperanza, orgullo, diversión, inspiración, asombro, amor, siendo estas emociones expansivas, que crecen en el interior. **10 emociones positivas**
Cowen y Keltner (2017)	27 categorías emocionales	Un modelo que plantea unas pocas más, concretamente **27 emociones**: admiración, adoración, estético-aprecio, diversión, ansiedad, asombro, aburrimiento, calma, confusión, deseo, disociación, dolor empático, entusiasmo, envidia, excitación, miedo, horror, interés, alegría, nostalgia, alivio, romance, tristeza, satisfacción, ira, sorpresa, triunfo.

Anexo 2.
Diario emocional

El diario emocional es un registro de las emociones que vas experimentando en función de lo que ocurre en tu vida. Hay muchas maneras de registrar estas. Se proponen dos plantillas para registrar el diario emocional.

Diario emocional Semanal

Te permite registrar tus emociones a lo largo de una semana, lo que facilita la observación de cambios y patrones emocionales a lo largo del tiempo. Utiliza el espacio de reflexiones para profundizar en tus experiencias y extraer aprendizajes. ¡Espero que te resulte útil para tu autoconocimiento emocional!

En la línea de las emociones debes señalar las cinco emociones más comunes que experimentas y en los cuadrados la intensidad, midiendo esta emoción del 0 al 10, donde 0 sería una emoción neutral y 10 de máxima intensidad.

Fecha de la Semana: ______________________

[Fecha de inicio] - [Fecha de finalización]

Emociones de la Semana:

Día	Emoción 1:	Emoción 2:	Emoción 3:	Emoción 4:	Emoción 5:
Lunes	[Intensidad]				
Martes					
Miércoles					
Jueves					
Viernes					
Sábado					
Domingo					

Reflexiones Semanales:

Espacio reservado para reflexionar sobre las emociones experimentadas durante la semana, identificar patrones emocionales y hacer anotaciones adicionales si es necesario.

Diario emocional mensual

El diario emocional mensual es una herramienta para poder observar patrones emociones. Se trata de recoger las emociones que se experimentan cada día, conjuntamente con los hechos y su intensidad para así poder observar qué tipo de situaciones nos desencadenan determinadas emociones.

Mes

Fecha	Hechos Destacables	Emociones	Intensidad (1-10)	Otros Aspectos Que Destacar

Anexo 3. Principales manifestaciones emocionales

Este cuadro detalla cómo se manifiestan distintas emociones a través de diferentes aspectos cognitivos, comunicativos, sociales, emocionales, físicos y conductuales. Cada emoción puede tener una gama de expresiones y efectos que varían según el individuo y el contexto.

Emoción	Pensamiento	Comunicación	Social	Sentimientos	Cuerpo	Conducta
Alegría	Pensamientos positivos, expectativas felices, recuerdos alegres.	Sonrisa, risa, expresión facial luminosa y abierta.	Participación activa, conversaciones animadas, abrazos, contacto físico positivo.	Felicidad, euforia, satisfacción, gratitud.	Ligereza, energía, sensación de bienestar.	Participación activa en actividades sociales, expresión de afecto y aprecio.
Tristeza	Pensamientos negativos, rumiación sobre pérdidas, fracasos o decepciones.	Llanto, expresión facial caída, mirada perdida.	Aislamiento social, evitación de interacciones, falta de comunicación.	Pena, melancolía, desesperanza, pesar.	Sensación de opresión en el pecho, cansancio, pesadez.	Retraimiento, pasividad, llanto, búsqueda de soledad.
Miedo	Pensamientos de peligro, anticipación de amenazas o consecuencias negativas.	Grito, expresión facial de terror, muecas de angustia.	Evitación de situaciones de riesgo, falta de participación en grupos.	Ansiedad, inseguridad, temor, pánico.	Palpitaciones, sudoración excesiva, temblores, respiración rápida.	Huida, evasión, búsqueda de protección, comportamientos defensivos.
Rabia	Pensamientos de injusticia, desprecio o provocación.	Gritos, expresión facial de furia, gestos agresivos.	Agresión verbal o física, confrontación, despliegue de poder.	Ira, frustración, resentimiento, hostilidad.	Tensión muscular, enrojecimiento, sensación de calor en la cara.	Reacciones impulsivas, agresión física o verbal, confrontación, ruptura de objetos.

Emoción	Pensamiento	Comunicación	Social	Sentimientos	Cuerpo	Conducta
Sorpresa	Pensamientos de incredulidad, asombro o desconcierto ante algo inesperado.	Gesto de sorpresa, cejas levantadas, boca abierta.	Interacción social intensa, expresiones de sorpresa compartida.	Asombro, incredulidad, desconcierto, confusión.	Aceleración del ritmo cardíaco, dilatación de pupilas, respiración entrecortada.	Detención momentánea, atención enfocada en el estímulo sorprendente.
Asco	Pensamientos de repulsión, rechazo o aversión hacia algo desagradable o repulsivo.	Arcada, expresión facial de disgusto, muecas de desagrado.	Evitación de contacto físico o visual con el estímulo desagradable.	Desagrado, repulsión, aversión, asco.	Náuseas, malestar estomacal, sensación de asco en la garganta.	Evitar contacto, retirada física, rechazo del estímulo desagradable.
Culpa	Pensamientos de responsabilidad por una acción incorrecta o dañina.	Autocrítica, expresión facial avergonzada, evasión de la mirada.	Evitar interacciones sociales, disculparse repetidamente.	Remordimiento, pesar, vergüenza, arrepentimiento.	Opresión en el pecho, malestar emocional, sensación de arrepentimiento.	Compensación, reparación del daño causado, confesión, búsqueda de perdón.
Vergüenza	Pensamientos de inferioridad, exposición a situaciones embarazosas o humillantes.	Rubor, evitación de contacto visual, expresión facial tímida.	Retirada física, falta de participación en conversaciones o actividades sociales.	Humillación, timidez, deseo de ocultamiento.	Rubor facial, evasión de la mirada, postura encorvada.	Retirada, esconderse, evitación de situaciones comprometidas.
Nervios	Pensamientos de preocupación, anticipación de situaciones estresantes o amenazantes.	Habla acelerada, temblores, expresión facial de inquietud.	Evitación de estímulos o situaciones estresantes, falta de comunicación.	Ansiedad, nerviosismo, tensión, inquietud.	Sudoración excesiva, temblores, taquicardia, sensación de nervios en el estómago.	Inquietud, indecisión, dificultad para concentrarse, evitación de interacciones sociales.

Anexo 4. Las 36 preguntas para enamorarse de alguien

Arthur Aaron (1993) recomienda poder hacer este cuestionario con una persona a la que se está conociendo. Dedicándole a esta comunicación unos 45 minutos y dejando tiempo para reflexionar y poder comentar las respuestas.

Primera ronda de preguntas

1. ¿A qué persona invitarías a cenar si pudieses elegir a cualquiera?
2. ¿Te gustaría ser famoso? ¿Cómo?
3. ¿Ensayas lo que vas a decir cuando vas a hacer una llamada de teléfono? ¿Por qué?
4. ¿Cómo sería para ti el día perfecto?
5. ¿Cuándo fue la última vez que cantaste estando solo? ¿Y para otra persona?
6. Si pudieras vivir hasta los 90 años y tener el cuerpo o la mente de alguien de 30 años durante los últimos 60 años de tu vida ¿Lo harías?
7. ¿Cómo crees que vas a morir?
8. Enumera tres cosas que creas tener en común con tu interlocutor.
9. ¿De qué te sientes más agradecido?
10. Si pudieses cambiar algo de tu educación ¿qué sería?

11. Cuenta en cuatro minutos a tu interlocutor la historia de tu vida siendo lo más conciso posible.
12. Si te pudieses levantar mañana con una nueva cualidad o habilidad ¿cuál querrías que fuese?

Segunda ronda de preguntas

13. ¿Qué le preguntarías a una bola de cristal si ésta te pudiese decir la verdad sobre ti, sobre tu vida, sobre el futuro o sobre cualquier cosa?
14. ¿Hay algo que quieras hacer desde hace mucho tiempo? ¿Por qué no lo has hecho todavía?
15. ¿Cuál es el mayor logro de tu vida?
16. ¿Qué es lo que más valoras en un amigo?
17. ¿Cuál es tu recuerdo más valorado?
18. ¿Y el más doloroso?
19. Si supieras cuándo vas a morir ¿cambiarías tu forma de vivir? ¿Por qué?
20. ¿Qué es para ti la amistad?
21. ¿Qué rol juega el amor y el afecto en tu vida?
22. Decid, de forma alterna, qué características consideráis positivas de vuestro interlocutor. Un total de cinco cada uno.
23. ¿Es tu familia cariñosa? ¿Crees que tu infancia fue mejor que la otras personas?
24. ¿Cómo te sientes sobre tu relación con tu madre?

Tercera ronda de preguntas

25. Di tres verdades sobre «nosotros». Por ejemplo: «Nosotros estamos en esta habitación sintiendo…».
26. Completa la fase: «Ojalá tuviese a alguien con el que compartir…».

27. Si fueras a ser un amigo íntimo de tu interlocutor, comparte con él algo que crees que es importante que sepa sobre ti.
28. Di a tu interlocutor algo que te guste de él o de ella. Sé muy honesto y dile algo que no dirías a alguien que acabas de conocer.
29. Explica a tu interlocutor un momento embarazoso en tu vida.
30. ¿Cuál fue la última vez que lloraste delante de alguien? ¿Y solo?
31. Di a tu interlocutor algo que ya te guste de él.
32. ¿Hay algo que consideres demasiado serio como para hacer una broma al respecto?
33. Si supieras que vas a morir esta noche sin hablar antes con nadie ¿qué te daría pena no haber contado nunca? ¿Por qué no lo has expresado hasta ahora?
34. Tu casa se incendia y todas tus posesiones están dentro. Después de salvar a tus seres queridos y a tu mascota, tienes tiempo para poder recuperar un solo objeto. ¿Cuál sería y por qué?
35. ¿Qué persona de tu familia te dolería más que muriese?
36. Comparte un problema personal con tu interlocutor y pídele que te dé su opinión sobre cómo habría actuado. Pregúntale cómo cree que te sientes en relación con el problema que le acabas de contar.

Anexo 5.
Consejos para armonizar el cuerpo con el cerebro emocional

El equilibrio entre el cuerpo y el cerebro emocional es fundamental para el bienestar integral. Adoptar hábitos saludables puede promover esta armonía, mejorando tanto la salud física como la emocional. A continuación, encontrarás consejos respaldados por la ciencia para ayudarte a alcanzar este equilibrio:

Ejercicio físico

El ejercicio regular no solo fortalece el cuerpo, sino que también beneficia al cerebro emocional al aumentar la producción de neurotransmisores asociados con el bienestar, como la serotonina y la endorfina (Dinas et al., 2011). Algunos consejos que pueden servirte son:

1. *Variabilidad de ejercicios:* integra diferentes tipos de actividades físicas en tu rutina, como caminar, correr, nadar, yoga, pilates, levantamiento de pesas o deportes en equipo, para estimular diferentes grupos musculares y mantener la motivación (Haskell *et al.*, 2007).
2. *Entrenamiento de intervalos de alta intensidad (HIIT):* considera incluir sesiones cortas de HIIT, alternando ráfagas de ejercicio intenso con períodos de recuperación, ya que este tipo de entrenamiento puede mejorar tanto la salud física como mental (Bartlett *et al.*, 2011).

3. *Ejercicio al aire libre:* aprovecha los beneficios adicionales del ejercicio al aire libre, como la exposición a la luz solar, que puede mejorar el estado de ánimo y reducir el estrés (Barton y Pretty, 2010).
4. *Ejercicio en grupo:* participa en clases de ejercicios grupales o actividades deportivas en equipo para aumentar la motivación, la diversión y el sentido de comunidad (Williams *et al.*, 2012).
5. *Incorpora movimiento en tu día a día:* busca oportunidades para moverte más durante el día, como caminar o ir en bicicleta en lugar de usar el auto, subir escaleras en lugar de tomar el ascensor y realizar pausas activas durante el trabajo.

En la búsqueda de la armonía entre cuerpo y mente, el ejercicio físico se erige como un pilar fundamental, fortaleciendo tanto nuestros músculos como nuestra salud emocional.

Dieta equilibrada

Una dieta equilibrada proporciona los nutrientes necesarios para mantener la salud física y mental, influyendo en la función del cerebro y las emociones (Gómez-Pinilla, 2008). Hay ciertos alimentos y prácticas que favorecerán esta buena relación de estómago y emoción, como:

1. *Alimentos ricos en omega-3:* incluye fuentes de ácidos grasos omega-3 en tu dieta, como salmón, sardinas, nueces y semillas de chía, para apoyar la salud cerebral y reducir la inflamación (Logan y Katzman, 2005).
2. *Verduras de hojas verdes:* consume regularmente verduras de hojas verdes como espinacas, kale y acelgas, que son ricas en folato, un nutriente importante para la función cerebral y la salud emocional (Miller *et al.*, 2013).
3. *Frutas y verduras coloridas:* opta por una variedad de frutas y verduras de diferentes colores para obtener una amplia gama

de antioxidantes, vitaminas y minerales que apoyen la función cerebral y protejan contra el estrés oxidativo (Joseph *et al.*, 1999).

4. *Proteínas magras:* incluye fuentes magras de proteínas en tu dieta, como pollo, pavo, pescado, tofu y legumbres, para proporcionar los aminoácidos necesarios para la producción de neurotransmisores (Fernstrom y Fernstrom, 2007).
5. *Hidratación adecuada:* bebe suficiente agua a lo largo del día para mantener una hidratación adecuada, lo cual es importante para el funcionamiento óptimo del cerebro y la regulación emocional (Popkin *et al.*, 2010).

En la mesa de la salud emocional, una dieta equilibrada se convierte en el aliado indispensable para nutrirnos.

Sueño reparador

El sueño es fundamental para la salud del cerebro y la regulación emocional. La falta de sueño puede afectar negativamente el estado de ánimo, la cognición y la capacidad para manejar el estrés. A continuación, unos consejos para lograr un sueño reparador, como:

1. *Rutina de sueño consistente:* establece horarios regulares de sueño para entrenar tu cuerpo a dormir y despertar a la misma hora todos los días, lo que ayuda a regular el reloj biológico (Grandner *et al.*, 2010).
2. *Entorno de sueño adecuado:* crea un ambiente oscuro, fresco y tranquilo en tu habitación para promover el sueño profundo y reparador. Usa cortinas opacas, reduce el ruido ambiental y ajusta la temperatura para que sea cómoda (Hirshkowitz *et al.*, 2015).
3. *Rituales de relajación antes de dormir:* dedica al menos 30 minutos antes de acostarte a actividades relajantes, como leer un

libro, tomar un baño caliente, practicar técnicas de respiración o meditación, para preparar tu mente y cuerpo para el sueño (Ong *et al.*, 2014).

4. *Limita la exposición a pantallas electrónicas:* evita el uso de dispositivos electrónicos antes de acostarte, ya que la luz azul puede suprimir la producción de melatonina y afectar la calidad del sueño (Chang *et al.*, 2015).

Un sueño reparador restaura nuestro cuerpo y calma nuestras emociones, preparándonos para enfrentar un nuevo amanecer con renovada energía y calidad mental.

Anexo 6.
Botiquín para emergencias emocionales

¡Bienvenidos al Botiquín de Emergencias Emocionales! Este botiquín contiene herramientas para ayudarte a manejar diversas emociones y situaciones. ¡Descubre cómo puedes cuidar tu bienestar emocional en cualquier momento!

Emoción positiva	Emoción negativa
Vendaje para la Alegría • Escucha tu música favorita • Realiza una actividad creativa • Haz ejercicio físico • Baila o canta • Busca el humor en situaciones cotidianas	**Cura para la Tristeza** • Permítete sentir la tristeza y llorar sin juzgarte. • Expresa tus emociones mediante el arte o la escritura • Busca el consuelo de seres queridos • Repite afirmaciones positivas • Leer un libro que te inspire • Escribe un diario de gratitud
Parches de sensibilidad • Reconoce tu alta sensibilidad como un don, no una carga • Establece límites saludables para protegerte de estímulos excesivos • Practica técnicas de autorregulación emocional, como la meditación o el mindfulness	**Analgésico para moderar la Ira** • Identifica la causa de tu enojo • Canaliza tu energía a través de actividades físicas • Practica la respiración profunda para calmarte • Reflexiona sobre tus pensamientos y lo que vas a decir, antes de actuar • Encuentra la mejor forma para decirlo
Pastilla para el Amor • Abraza a un ser querido • Expresa verbalmente el cariño hacia alguien • Recuerda momentos felices • Trata de planificar algo especial a hacer juntos	**Antídoto contra la ansiedad** • Realiza ejercicios de relajación muscular o relajaciones guiadas • Haz una pausa y desconecta de las pantallas • Sal a dar un paseo en la naturaleza • Establece rutinas y horarios regulares • Identifica y cuestiona los pensamientos negativos

Emoción positiva	Emoción negativa
Inyección de Serenidad • Distraerse con actividades placenteras • Reflexiona sobre cosas positivas de la vida • Lee historias inspiradoras	**Botella Anti-Vergüenzas** • Cultiva pensamientos compasivos hacia ti mismo • Habla sobre tus sentimientos con alguien de confianza • Acepta la vulnerabilidad como algo inherente al ser humano • Haz experimentos enfrentándote a lo que te avergüenza
Vendas para la Sorpresa • Organiza una sorpresa para alguien • Date un capricho a ti mismo • Haz algo nuevo y emocionante • Viaja • Mantén la mente abierta ante lo inesperado • Estudia cosas nuevas que te motiven	**Tirita Anti-Miedos** • Identifica y cuestiona los pensamientos negativos • Práctica técnicas de respiración • Trata de aproximarte a aquello que te dé miedo con cariño y poco a poco. Lo puedes hacer desde tu imaginación
Suero para la Iniciativa • Establecer metas claras • Crear un plan de acción • Tomar decisiones de forma consciente • Aprender de los errores y buscar siempre oportunidades de aprendizaje	**Crema para la Culpa** • Reflexiona sobre los % de culpa y haz un juicio justo sobre la situación (con todas las versiones y una sentencia justa para todas las partes) • Pedir disculpas si es necesario • Aprender del error

Lista de elementos que debe tener el botiquín emocional (revisar cada cierto tiempo)

- Papel y bolígrafo para escribir lo que sientes
- Lista de reproducción con música relajante o motivadora
- Libro o revista que te guste para desconectar
- Lista de contactos de amigos o familiares en quien confíes para hablar
- Aromaterapia: aceites esenciales o velas con fragancias relajantes
- Imágenes o fotografías que te inspiren y te hagan sentir bien
- Película o serie que te haga reír o te distraiga
- Pañuelos de papel para desahogarte si es necesario
- Almohada o peluche reconfortante para abrazar
- Agua o una bebida caliente para relajarte
- Diario de gratitud para escribir las cosas buenas que te suceden
- Cuaderno de ideas creativas para explorar nuevas actividades
- Libro de citas inspiradoras o frases motivadoras
- Agendas o calendarios para planificar actividades y mantener el orden
- Materiales para manualidades o dibujo para expresar tu creatividad
- Frutas o snacks saludables para energizarte
- Juego de mesa o actividad que te divierta y te relaje
- Lista de ejercicios físicos o actividades al aire libre para liberar endorfinas

Para utilizar eficazmente el botiquín emocional, identifica la emoción que estás experimentando, reconociendo así lo que sientes. Consulta el botiquín emocional y selecciona las herramientas que creas necesarias para manejar esa emoción específica.

Las precauciones de uso a tener en cuenta es conocer los propios límites y, por ejemplo, si no puedes identificar las emociones directamente, háblalas, escríbelas, busca otra manera de detectarlas. Sé paciente contigo mismo pues el manejo emocional lleva su tiempo. Aprende a equilibrar todas las herramientas mostradas pues no todas sirven a todo el mundo, en cualquier situación.

Recuerda que tu bienestar emocional es importante y mereces cuidarte a ti mismo. ¡Utiliza tu botiquín emocional con confianza y compasión hacia ti mismo!

Anexo 7.
Plantilla para experimentos emocionales

Cuando nos veamos en una situación que desencadena muchas emociones es útil poder reflexionar sobre sus diferentes elementos. Esta sería una primera fórmula para poder manejar lo que ocurre.

1. Descripción de la situación que ha generado esta emoción o emociones
2. Nombre que le pondrías a la emoción o emociones que sientes y puntuaciones del 0 al 10, donde 0 es neutral y 10 es sentirla intensamente
3. ¿Qué pensaste en ese momento? ¿y después?
4. ¿Qué dijiste en ese momento y/o después?
5. ¿Cómo te afectó en tus relaciones?
6. ¿Cómo lo sentiste y/o sientes en el cuerpo?
7. ¿Cómo te comportaste o te comportas ahora después de lo ocurrido?
8. Función o mensaje que da esta emoción
Otra información de utilidad

Recursos sobre emociones

Libros

Álava, M. J. (2025). *Que nadie manipule tus emociones: La psicología cambió mi vida y puede cambiar la tuya*. Ed. La Esfera de los Libros.

André, C. y Lelord, F. (2002). *La fuerza de las emociones: amor, cólera, alegría*. Ed. Kairós.

Bisquerra, R. (2020). *Universo de emociones*. Ed. PalauGea.

David, S. (2016). *Agilidad emocional: Rompe tus bloqueos, abraza el cambio y triunfa en el trabajo y la vida*. Ed. Sirio.

Damasio, A. (2013). *El error de Descartes: La emoción, la razón y el cerebro humano*. Ed. Booket.

Ekman, P. (2009). *Cómo detectar mentiras: Una guía para utilizar en el trabajo, la política y la pareja*. Ed. Paidós.

Goleman, D. (1995). *Inteligencia emocional*. Ed. Kairós.

Goleman, D. (2003). *Emociones destructivas*. Ed. Kairós.

Lama, D., Tutu, D. y Abrams, D. (2020). *El libro de la alegría. Alcanza la felicidad duradera en un mundo en cambio constante*. Ed. Grijalbo.

Levy, N. (2006). *La sabiduría de las emociones: Descubre lo que nos enseña el miedo, la culpa, la vergüenza…* Ed. De Bolsillo.

Punset, E. (2010). *Viaje a las emociones: Las claves que mueven el mundo: la felicidad, el amor y el poder de la mente*. Ed. Destino.

Rojas, E. (2023). *Comprende tus emociones*. Ed. Espasa.

Seligman, M. (2011). *La vida que florece*. Ed. B.

Apps

Nombre	Plataforma y web	Descripción
Headspace	Plataforma: iOS y Android. Sitio web: www.headspace.com	Ofrece meditaciones guiadas y ejercicios de atención plena para ayudarte a reducir el estrés, mejorar el enfoque y promover la calma mental.
Calm	Plataforma: iOS y Android. Sitio web: www.calm.com	Proporciona meditaciones guiadas, música relajante y programas de sueño para ayudarte a reducir la ansiedad, mejorar la calidad del sueño y cultivar la serenidad.
Moodnotes	Plataforma: iOS y Android. Sitio web: www.moodpath.app	Es una aplicación de seguimiento emocional que te ayuda a registrar tus estados de ánimo, identificar patrones y obtener orientación sobre cómo mejorar tu bienestar mental.
Insight timer	Plataforma: iOS y Android. Sitio web: www.insighttimer.com	Ofrece una amplia variedad de meditaciones guiadas, música tranquila y cursos sobre mindfulness para ayudarte a reducir el estrés, mejorar la concentración y encontrar la paz interior.
7 Cups	Plataforma: iOS y Android. Sitio web: www.7cups.com	Es una plataforma de apoyo emocional donde puedes conectarte de forma anónima con oyentes compasivos y terapeutas capacitados, para hablar sobre tus preocupaciones y recibir orientación.
Daylio	Plataforma: iOS y Android. Sitio web: www.daylio.webflow.io	Es un diario de ánimo y seguimiento de hábitos que te permite registrar tus emociones diarias, actividades y hábitos para ayudarte a comprender mejor tu bienestar emocional y establecer metas.
Woebot	Plataforma: IOS y Android. Sitio Web: www.woebot.io	Es un chatbot de apoyo emocional basado en terapia cognitivo-conductual que ofrece conversaciones guiadas, herramientas de autoayuda y seguimiento del estado de ánimo.

Nombre	Plataforma y web	Descripción
Sanvello	Plataforma: iOS y Android. Sitio web: www.sanvello.com	Ofrece herramientas y recursos para el manejo del estrés, la ansiedad y la depresión, incluyendo técnicas de respiración, meditaciones guiadas y seguimiento del estado de ánimo.
Moodfit	Plataforma: iOS. Sitio web: No especificado.	Proporciona herramientas y actividades para mejorar el bienestar emocional, incluyendo seguimiento del estado de ánimo, ejercicios de respiración y técnicas de relajación.
Siente	Plataforma: iOS y Android. Sitio web: www.sienteapp.com	Aplicación que ofrece meditaciones guiadas, ejercicios de mindfulness y herramientas para la gestión del estrés y la ansiedad.
Serene	Plataforma: iOS y Android. Sitio web: www.sereneapp.com	Es una aplicación para el cambio de hábitos y motivar a las personas hacia estos, además de plantear ejercicios de relajación y de reducción del estrés.
Habitica	Plataforma: iOS y Android. Sitio web: www.habitica.com	Es una aplicación de seguimiento de objetivos y hábitos que gamifica tus tareas diarias, ayudándote a establecer metas y mantener la motivación para alcanzarlas.
Strides	Plataforma: iOS. Sitio web: www.stridesapp.com	Es una aplicación de seguimiento de objetivos que te ayuda a establecer metas, realizar un seguimiento de tu progreso y mantener el enfoque en tus objetivos personales y profesionales.

Websites

Psychology Today Psychology Today ofrece una amplia variedad de artículos, recursos y herramientas sobre inteligencia emocional, bienestar mental, relaciones interpersonales y consejos prácticos para gestionar emociones en la vida diaria. Sitio web: www.psychologytoday.com
Greater Good Magazine Greater Good Magazine proporciona investigaciones basadas en la ciencia sobre el bienestar emocional, la compasión, la felicidad y la gratitud, ofreciendo artículos, videos y ejercicios prácticos para promover una vida más plena y significativa. Sitio web: www.greatergood.berkeley.edu
Mindful Mindful ofrece recursos y artículos sobre mindfulness, meditación y atención plena, ayudando a las personas a cultivar la conciencia en el momento presente, reducir el estrés y mejorar la salud mental. Sitio web: www.mindful.org
The Gottman Institute El Instituto Gottman proporciona recursos y herramientas basadas en la investigación sobre relaciones saludables, comunicación efectiva y manejo de conflictos emocionales en las parejas, familias y comunidades. Sitio web: www.gottman.com
Verywell Mind Verywell Mind ofrece información y consejos sobre salud mental, bienestar emocional, psicología positiva y técnicas de autoayuda para superar el estrés, la ansiedad y otros desafíos emocionales. Sitio web: www.verywellmind.com
HelpGuide HelpGuide es una fuente confiable de información sobre salud mental y bienestar emocional, que ofrece artículos, guías prácticas y recursos para abordar una amplia gama de problemas emocionales y de salud. Sitio web: www.helpguide.org

Mente y Emociones Ofrece artículos, consejos y recursos sobre inteligencia emocional, gestión del estrés, relaciones interpersonales y desarrollo personal desde una perspectiva psicológica. Sitio web: www.menteyemociones.com
PsicoActiva PsicoActiva proporciona información, actividades y ejercicios prácticos sobre emociones, psicología positiva y bienestar mental, dirigidos a promover el autoconocimiento y la salud emocional. Sitio web: www.psicoactiva.com
Vivir Agradecidos Vivir Agradecidos ofrece recursos y reflexiones sobre gratitud, bienestar emocional y crecimiento personal, con el objetivo de cultivar una actitud positiva y una vida más plena. Sitio web: www.viviragradecidos.org
EmocionArte Es una plataforma que combina arte y emociones, ofreciendo recursos, actividades y reflexiones sobre la expresión emocional a través del arte, la creatividad y la terapia artística. Sitio web: www.emocionarte.com
Psicología y Mente Psicología y Mente es un portal de psicología que aborda diversos temas relacionados con las emociones, la salud mental, la psicoterapia y el desarrollo personal, con información basada en evidencia científica. Sitio web: www.psicologiaymente.com

Títulos recomendados

Colección: Serendipity
ISBN: 978-84-330-3295-9
Páginas: 160
Encuadernación: Rústica con solapas
Formato: 14 x 21 cm
Edición: 1ª

José Luis Belmar

¿Hay vida más allá de la mente?

Conectando con el ahora

Nuestra vida está condicionada por la mente, que construye nuestra percepción de la realidad mediante pensamientos y diálogos internos.

Casi siempre funcionamos en modo pensante, sin despegarnos del diálogo interno que acapara la atención y condiciona nuestro comportamiento. El problema es que, dejándonos dominar por un exceso de dispersión mental, quizá nos estemos perdiendo lo mejor de la vida. Por suerte, no es esa la única forma de relacionarnos con la mente, y también es posible –y muy beneficioso– ejercitarse en un estilo diferente de dirigir la atención.

Este libro no se ha escrito para regalar al lector una respuesta prefabricada a la pregunta del título, sino para invitarle a que sea él mismo quien la encuentre. Porque no basta con colmarle una necesidad intelectual; lo importante es que descubra un sentido nuevo, que haga más satisfactoria su existencia.

Aprender a estar serenamente receptivos, arraigados en el presente, puede abrir la puerta hacia una vida más equilibrada y consciente; en suma, hacia una vida más real y menos deformada por el egocentrismo.

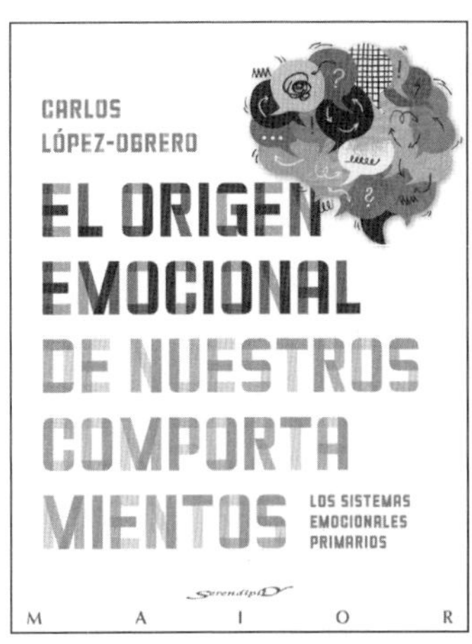

Colección: Serendipity MAIOR
ISBN: 978-84-330-3291-1
Páginas: 224
Encuadernación: Rústica con solapas
Formato: 17 x 22 cm
Edición: 1ª

Carlos López-Obrero Carmona

El origen emocional de nuestros comportamientos

Los sistemas emocionales primarios

Este libro está inspirado fundamentalmente en la increíble contribución científica del fundador de la Neurociencia Afectiva, Jaak Panksepp, y en su investigación sobre el origen de los circuitos que gobiernan los comportamientos que exhiben tanto los animales como los seres humanos. De hecho, en la base de nuestros comportamientos, somos casi idénticos al resto de mamíferos.

Gracias a esta similitud con el del resto de animales en las estructuras más primitivas de nuestro cerebro, Panksepp pudo estudiar en su laboratorio los 7 sistemas emocionales que gobiernan nuestros comportamientos.

Los sistemas emocionales primarios son los recursos innatos que la naturaleza puso a nuestra disposición para sobrevivir y prosperar. Conocer cada circuito emocional, las emociones secundarias y los comportamientos que se derivan de ellos es imprescindible para comprender por qué actuamos como actuamos.

A través de las páginas de este libro vas a poder adentrarte en el conocimiento de cómo se originan las emociones primarias que gobiernan tu vida y vas a aprender a reconocer el origen de las conductas generadoras de sufrimiento, insatisfacción e infelicidad, por un lado, y el de aquellas que producen bienestar y felicidad por el otro.

Si deseas conocerte, comprenderte y mejorar la relación contigo y con tu entorno, este libro te aportará claves y herramientas novedosas y efectivas.

Colección: Serendipity

ISBN: 978-84-330-3950-7

Páginas: 160

Encuadernación: Rústica con solapas

Formato: 14 x 21 cm

Edición: 1ª

Olga Cañizares y Cristina Miaja

¿Y a ti qué te motiva?

El camino de la automotivación

Esta obra te invita a un viaje profundo de autodescubrimiento y transformación. Al unir la sabiduría de la filosofía práctica con el poder de la inteligencia emocional, este libro se convierte en una herramienta poderosa para enfrentar los retos cotidianos con claridad mental y equilibrio emocional.

Las autoras presentan un enfoque práctico e innovador que aboga por una visión integral y muy personal del desarrollo. A lo largo de sus páginas, descubrirás un camino inspirado en los principios del estoicismo para cultivar resiliencia y serenidad junto con una comprensión actualizada de nuestras emociones desde una perspectiva neurocientífica.

Más que un simple manual de superación, es una guía que despierta la capacidad de cada lector para explorar su verdadero potencial, superar creencias limitantes y caminar hacia una vida más auténtica y plena.

Accesible y profundamente transformador, ¿Y a ti qué te motiva? proporciona aliento y practicidad para integrar la filosofía y las emociones en tu día a día, para motivarte definitivamente en la búsqueda de una existencia más consciente y rica de sentido.

Colección: Serendipity MAIOR
ISBN: 978-84-330-3957-6
Páginas: 208
Encuadernación: Rústica con solapas
Formato: 17 x 22 cm
Edición: 1ª

Mario C. Salvador

Nuestra ciudadela interna

Desde la Supervivencia a la Autenticidad

Nuestra Ciudadela Interna es una invitación a recorrer el mapa de nuestro desarrollo interior y emprender un viaje hacia una vida más auténtica, en sintonía con nuestra naturaleza esencial.

A lo largo de sus páginas, el autor nos guía por un proceso de comprensión y transformación personal, con una mirada honesta, crítica y profundamente humana.

En el primer capítulo, se exploran los mecanismos de supervivencia que condicionan nuestras emociones y decisiones. Se abordan también las claves para sanar el dolor emocional y reconectar con nuestro bienestar, cuestionando los modelos de vida que hemos adoptado y que, con frecuencia, no honran nuestra verdadera naturaleza.

El segundo capítulo ofrece una potente metáfora: nuestras defensas psicológicas son como ciudadelas, construcciones internas que levantamos para protegernos del mundo exterior. A través de un modelo claro y numerosos ejemplos reales, se explica cómo esas estructuras se forman, cómo actúan y cómo podemos empezar a liberarnos de ellas.

En el tercer capítulo, el autor nos muestra cómo es posible vivir desde la integración y la autenticidad. Propone un enfoque vital que nos permite reconectar con nuestro verdadero yo y encontrar un sentido profundo en la experiencia de existir.

Una obra lúcida y reveladora para quienes buscan comprenderse, sanar y vivir con mayor plenitud.

Directora: Olga Castanyer

Últimos títulos publicados

150. *Vida emocionalmente inteligente. Estrategias para incrementar el coeficiente emocional.* Geetu Bharwaney
151. *Cicatrices del corazón. Tras una pérdida significativa.* Rosa Mª Martínez González (2ª ed.)
152. *Ojos que sí ven. "Soy bipolar" (Diez entrevistas).* Ana González Isasi - Aníbal C. Malvar
153. *Reconcíliate con tu infancia. Cómo curar antiguas heridas.* Ulrike Dahm (2ª ed.)
154. *Los trastornos de la alimentación. Guía práctica para cuidar de un ser querido.* Janet Treasure - Gráinne Smith - Anna Crane (4ª ed.)
155. *Bullying entre adultos. Agresores y víctimas.* Peter Randall
156. *Cómo ganarse a las personas. El arte de hacer contactos.* Bernd Görner
157. *Vencer a los enemigos del sueño. Guía práctica para conseguir dormir como siempre habíamos soñado.* Charles Morin
158. *Ganar perdiendo. Los procesos de duelo y las experiencias de pérdida: Muerte - Divorcio - Migración.* Migdyrai Martín Reyes
159. *El arte de la terapia. Reflexiones sobre la sanación para terapeutas principiantes y veteranos.* Peter Bourquin (3ª ed.)
160. *El viaje al ahora. Una guía sencilla para llevar la atención plena a nuestro día a día.* Jorge Barraca Mairal (2ª ed.)
161. *Cómo envejecer con dignidad y aprovechamiento.* Ignacio Berciano
162. *Cuando un ser querido es bipolar. Ayuda y apoyo para usted y su pareja.* Cynthia G. Last
163. *Todo lo que sucede importa. Cómo orientar en el laberinto de los sentimientos.* Fernando Alberca de Castro (2ª ed.)
164. *De cuentos y aliados. El cuento terapéutico.* Mariana Fiksler
165. *Soluciones para una vida sexual sana. Maneras sencillas de abordar y resolver los problemas sexuales cotidianos.* Dra. Janet Hall
166. *Encontrar las mejores soluciones mediante Focusing. A la escucha de lo sentido en el cuerpo.* Bernadette Lamboy
167. *Estrésese menos y viva más. Cómo la terapia d e aceptación y compromiso puede ayudarle a vivir una vida productiva y equilibrada.* Richard Blonna
168. *Cómo superar el tabaco, el alcohol y las drogas.* Miguel del Nogal Tomé
169. *La comunicación humana: una ventana abierta.* Carlos Alemany Briz
170. *Aprender de la ansiedad. La sabiduría de las emociones.* Pedro Moreno (5ª ed.)
171. *Comida para las emociones. Neuroalimentación para que el cerebro se sienta bien.* S. Krstinić
172. *Cuidar al enfermo. Migajas de psicología.* Luciano Sandrin
173. *Yo te manejo, tú me manejas. El poder de las relaciones cotidianas.* Pablo Población
174. *Crisis, crecimiento y despertar. Claves y recursos para crecer en consciencia.* Enrique Martínez Lozano (4ª ed.)
175. *Cuaderno de trabajo para el tratamiento corpomental del trastorno de estrés postraumático (TEPT). Programa para curar en 10 semanas las secuelas del trauma.* Stanley Block, doctor en medicina y Carolyn Bryant Block
176. *El joven homosexual. Cómo comprenderle y ayudarle.* José Ignacio Baile Ayensa
177. *Sal de tu mente, entra en tu vida. La nueva Terapia de Aceptación y Compromiso.* S. C. Hayes
178. *Palabras caballo. Fuerza vital para el día a día.* Dr. Juan-Miguel Fernández-Balboa (2ª ed.)
179. *Fibromialgia, el reto se supera. Evidencias, experiencias y medios para el afrontamiento.* Bruno Moioli (2ª ed.)
180. *Diseña tu vida. Atrévete a cambiar.* Diana Sánchez González y Mar Mejías Gómez (2ª ed.)
181. *Aprender psicología desde el cine.* José Antonio Molina y Miguel del Nogal (2ª ed.)
182. *Un día de terapia. Radiografía de las emociones.* Rafael Romero Rico

183. *No lo dejes para mañana. Guía para superar la postergación.* PAMELA S. WIEGARTZ, PH.D. Y LEVIN L. GYOERKOE, PSY.D.
184. *Yo decido. La tecnología con alma.* JOSÉ LUIS BIMBELA PEDROLA (3ª ed.)
185. *Aplicaciones de la asertividad.* OLGA CASTANYER (5ª ed.)
186. *Manual práctico para el tratamiento de la timidez y la ansiedad social. Técnicas demostradas para la superación gradual del miedo.* M. M. ANTONY y R. P. SWINSON (2ª ed.)
187. *A las alfombras felices no les gusta volar. Un libro de (~~auto~~) ayuda... a los demás.* JAVIER VIDAL-QUADRAS
188. *Gastronomía para aprender a ser feliz. PsiCocina socioafectiva.* ANTONIO RODRÍGUEZ
189. *Guía clínica de comunicación en oncología. Estrategias para mantener una buena relación durante la trayectoria de la enfermedad.* JUAN JOSÉ VALVERDE, MAMEN GÓMEZ COLLDEFORS Y AGUSTÍN NAVARRETE MONTOYA
190. *Ponga un psiquiatra en su vida. Manual para mejorar la salud mental en tiempos de crisis.* JOSÉ CARLOS FUERTES ROCAÑÍN
191. *La magia de la PNL al descubierto.* BYRON LEWIS
192. *Tunea tus emociones.* JOSÉ MANUEL MONTERO
193. *La fuerza que tú llevas dentro. Diálogos clínicos.* ANTONIO S. GÓMEZ
194. *El origen de la infelicidad.* REYES ADORNA CASTRO
195. *El sentido de la vida es una vida con sentido. La resiliencia.* ROCÍO RIVERO LÓPEZ
196. *Focusing desde el corazón y hacia el corazón. Una guía para la transformación personal.* EDGARDO RIVEROS AEDOS
197. *Programa Somne. Terapia psicológica integral para el insomnio: guía para el terapeuta y el paciente.* ANA MARÍA GONZÁLEZ PINTO • CARLOS JAVIER EGEA • SARA BARBEITO (COORDS.)
198. *Poesía terapéutica. 194 ejercicios para hacer un poema cada día.* REYES ADORNA CASTRO Y JAIME COVARSÍ CARBONERO
199. *Abre tu consciencia.* JOSÉ ANTONIO GONZÁLEZ SUÁREZ Y DAVID GONZÁLEZ PUJANA (2ª ed.)
200. *Ya no tengo el alma en pena.* ROSSE MACPHERSON
201. *Ahora que he decidido luchar con esperanza. Guía para vencer el apetito.* JOSÉ LUIS LÓPEZ MORALES, ENRIQUE JAVIER GARCÉS DE LOS FAYOS RUIZ
202. *El juego de la vida Mediterránea.* MAURO GARCÍA TORO
203. *16 Ideas para vivir de manera plena. Experiencias y reflexiones de un médico de familia.* DANIEL FRANCISCO SERRANO COLLANTES
204. *Transformación emocional. Un viaje a través de la escritura terapéutica.* NOELIA MENDIVE
205. *Acompañar en el duelo. De la ausencia de significado al significado de la ausencia.* MANUEL NEVADO, JOSÉ GONZÁLEZ (2ª ed.)
206. *Quiero aprender... a conocerme.* OLGA CAÑIZARES, DOMINGO DELGADO (2ª ed.)
207. *Quiero aprender cómo funciona mi cerebro emocional.* IVÁN BALLESTEROS (2ª ed.)
208. *Remonta tu vuelo. Más allá de la fibromialgia hacia una nueva vida.* F. GALLASTEGUI (2ª ed.)
209. *Vivir con el trastorno límite de la personalidad. Una guía clínica para pacientes.* ÁLVARO FRÍAS IBÁÑEZ (2ª ed.)
210. *Quiero aprender a quererme con asertividad.* OLGA CASTANYER (3ª ed.)
211. *Póker a la dieta. El juego para alcanzar tu peso ideal y mantenerlo de una forma natural y sencilla.* FEDERICA TROMBETTA
212. *Recupera tu autonomía y bienestar personal.* JOSÉ ANTONIO GONZÁLEZ SUÁREZ
213. *¿A qué he venido yo aquí? Guía para comprender y mejorar la memoria.* L. VERA (2ª ed.)
214. *Quiero aprender... a ser más eficiente en el trabajo.* YOLANDA CAÑIZARES GIL
215. *Vivir con una persona con Trastorno Límite de la Personalidad. Una guía clínica para familiares y allegados.* ÁLVARO FRÍAS IBÁÑEZ (EDITOR) (5ª ed.)
216. *La preocupación inútil.* LAURA VERA PATIER (2ª ed.)
217. *Esto de ser humano. Contemplando la luz a través de la herida.* B. RODRÍGUEZ VEGA (2ª ed.)

218. *La felicidad: qué ayuda y qué no. Psicología para entendernos.* L. Martín Borges
219. *Alteraciones de la identidad en personas con Trastorno Límite de la Personalidad. Una guía clínica para una psicoterapia colaborativa entre paciente y profesional.* Álvaro Frías (Ed.)
220. *Disfruta en escena. Y olvida tus miedos.* Elena Martín Calvo
221. *Mente plena, corazón contento. Un programa de Mindfulness y Regulación Emocional.* Gonzalo Pereyra Sáez
222. *Quiero aprender... a gestionar mi estrés.* Elena Mendoza - Carmen Castro (2ª ed.)
223. *Mi único sí. Aprendizajes de un cáncer.* Ana Cardona
224. *Altamente capaces (y divergentes).* Rafael Pardo Fernández - Luz González Rubin
225. *Las 7 tareas espirituales del duelo.* José Carlos Bermejo (2ª ed.)
226. *Otromundo. Descubrirlo, vivirlo, comprenderlo. Una guía de viaje al mundo de las personas con demencia.* Erich Schützendorf - Jürgen Datum
227. *Reactívate. Menos medicamento y más movimiento.* Antonio Jesús Casimiro Andújar - José Antonio Sande Martínez (2ª ed.)
228. *Meditación y creación literaria. Aprende a vivir y a escribir mejor.* Pilar Blanco
229. *Me cuesta estar bien.* Rocío Rivero
230. *Cuaderno de trabajo para el cambio de hábitos. Cómo romper hábitos negativos e instalar hábitos positivos.* James Claiborn / Cherry Pedrick
231. *¿Tengo un trauma corporal? Herramientas somáticas para sentirte seguro con tu cuerpo.* Erika Shershun
232. *Conoce tu ansiedad y aprende a gestionarla. Una visión integradora de la ansiedad.* Publio Vázquez
233. *Psicología positiva: aprende a ser feliz con la ciencia del bienestar.* Iago Taibo Corsanego (2ª ed.)
234. *La mesa de la vida. Manual contra el sufrimiento y la desesperanza.* Enrique Galindo Bonilla
235. *La asertividad por dentro y por fuera.* Olga Castanyer - Elena Villar
236. *Dinámicas de grupos. Aprende a convivir, trabajar y dirigir grupos.* Javier García Forcada
237. *Cuaderno de trabajo para la ira basado en la Terapia de Aceptación y Compromiso (ACT). Gestionar nuestras emociones y recuperar nuestra vida.* Manuela O'Connell - Robyn Walser
238. *Da vida a tus sueños. 12 caminos para crecer y despertar.* Magda Barceló
239. *Bondad práctica y radical. Yo conmigo Yo contigo Nosotros y Nosotras.* J. L. Bimbela
240. *Sanar la ansiedad. Técnicas de respiración consciente y desarrollo personal para transformar la ansiedad en la vida que deseas.* Iván Sánchez
241. *Yo tampoco puedo con todo. Una guía para cuidarme y priorizar mi salud mental.* Jesús Vega
242. *La escritura que cura. Manual de escritura expresiva para no profesionales.* Lucía Etxebarria
243. *Liberémonos del narcisismo.* Maribel Rodríguez (2ª ed.)
244. *Cuaderno de trabajo para el trastorno de ansiedad generalizada. Actividades de TCC para controlar la ansiedad, enfrentarse a la incertidumbre y superar el estrés.* Dr. Lawrence E. Shapiro
245. *Kit de herramientas para la depresión. Alivio rápido para mejorar el estado de ánimo, aumentar la motivación y sentirse mejor ahora.* William J. Knaus, EDD - Alex Korb, PHD - Patricia J. Robinson, PHD - Lisa M. Schab, LCSW - Kirk D. Strosahl, PHD
246. *Dejé de ser yo. Memorias de un abuso narcisista.* Débora Palop
247. *Superheroes personas admirables y gente corriente. Pequeña guía para un vivir equilibrado y buena salud mental.* Ramiro J. Álvarez

248. *¿Hay vida más allá de la mente? Conectando con el ahora.* Ramiro José Luis Belmar
249. *¿Y a ti qué te motiva? El camino de la automotivación.* Olga Cañizares y Cristina Miaja
250. *Identidad y psicopatología. Origen y tratamiento de los trastornos de conducta y personalidad con el modelo Parcuve.* Manuel Hernández.Pacheco
251. *El arte de reconocer tu valor. Aprende a confiar en ti y crearás una realidad diferente.* Javier Castillo Rubio
252. *Abecedario emocional.* Leila Nomen Martin

Serie MAIOR

60. *Apego y psicopatología: la ansiedad y su origen. Conceptualización y tratamiento de las patologías relacionadas con la ansiedad desde una perspectiva integradora.* Manuel Hernández Pacheco (8ª ed.)
61. *Trauma y presencia.* Peter Bourquin (Ed.) (2ª ed.)
62. *Personas altamente sensibles. Claves psicológicas y espirituales.* Rafael Pardo (2ª ed.)
63. *El eneagrama, el origen. Libro de consulta.* Macarena Moreno-Torres
64. *¿Por qué la gente a la que quiero me hace daño? Neurobiología, apego y emociones.* Manuel Hernández Pacheco (3ª ed.)
65. *El corazón de la sexualidad. La revolución de los afectos.* Alberto Mena Godoy
66. *Manual para dominar los pensamientos ansiosos. Habilidades para superar los pensamientos intrusivos no deseados que nos llevan a la ansiedad, las obsesiones y la depresión.* David A. Clark
67. *Manual de Gestión emocional para médicos y profesionales de la salud. Transformar la vulnerabilidad en recursos.* Belén Jiménez Gómez (2ª ed.)
68. *Psicología transpersonal para la vida cotidiana. Claves y recursos.* E. Martínez Lozano
69. *Viaje a tu cerebro. El arte de transformar tu mente.* Rosa Casafont i Vilar (2ª ed.)
70. *Apego, disociación y trauma. Trabajo práctico con el modelo PARCUVE.* Manuel Hernández Pacheco (5ª ed.)
71. *Cuaderno de trabajo de los pensamientos negativos. Habilidades de la TCC para superar la preocupación, la vergüenza y la rumiación repetitivas que impulsan a la ansiedad y la depresión.* David A. Clark, PhD (2ª ed.)
72. *¿Quién soy? De la disociación a la integración.* Peter Bourquin / M. Salvador (3ª ed.)
73. *Las obsesiones y el trastorno obsesivo-compulsivo. Una adicción al pensamiento. Entenderlos y superarlos con el modelo PARCUVE* Manuel Hernández Pacheco (3ª ed.)
74. *Gestalt en la práctica. Propuestas y ejercicios.* Ángeles Martín González y Carlos Matesanz Pimentel (2ª ed.)
75. *Orientación psicológica ante el duelo por un suicidio.* Daniel Olmos
76. *Cómo retener los recuerdos. Sensojuegos terapéuticos para estimular la fijación de la memoria y la retención de los recuerdos en el Alzheimer y otras patologías.* Carles Bayod
77. *Aprendiendo a habitarnos. Un modelo de intervención psicoterapéutica con personas con historia de trauma.* Pepa Horno Goicoechea (2ª ed.)
78. *Violencia vicaria. Golpear donde más duele.* Sonia Vaccaro (2ª ed.)
79. *Reconocer y superar las relaciones tóxicas y la dependencia emocional. El apego adulto y el modelo PARCUVE.* Manuel Hernández Pacheco (2ª ed.)
80. *La psicóloga en casa. Las posibilidades de la intervención psicológica en el domicilio de las personas.* Natalia Zaira Pedrajas Sanz - Ilustraciones de Belén Brigido
81. *El origen emocional de nuestros comportamientos. Los Sistemas Emocionales Primarios.* Carlos López-Obrero Carmona
82. *Tratamiento de las conductas adictivas.* Julia Herranz Marín - Miguel del Nogal Tomé
83. *Nuestra ciudadela interna. Desde la Supervivencia a la Autenticidad.* Mario C. Salvador
84. *Padres que duelen. Consecuencias en la edad adulta de los malos tratos en la infancia. Una guía de intervención.* Beatriz Ortega López